Das Buch

Heutzutage sieht sich die tägliche ärztliche [Praxis in zunehmendem] Maße mit Neurosen, Depressionen und psy[chosomatischen Krankhei]ten konfrontiert – Erkrankungen, die die k[örperlich-seelische Ge]samtheit des Menschen betreffen. Bekämpft werden sie zumeist von der traditionellen Medizin, die bis an die Zähne bewaffnet ist mit raffinierten Apparaturen und einer fast maßlosen Fülle von Pharmazeutika, auch Psychopharmaka. Alternativen sind gefragt. So entstand dieses Buch aus der Überzeugung der drei Autoren, daß die Analytische Psychologie C. G. Jungs die zwar hochspezialisierte, doch sehr rationale und einseitig technische moderne Medizin zu befruchten und zu erweitern vermag. In diesem Sinne gibt Helmut Barz zunächst eine knappe, prägnante und äußerst transparente Einführung in die Begrifflichkeit der Jungschen Psychologie. Aus dieser Terminologie greift Verena Kast das Symbol, jene zentrale Kategorie im Jungschen Denken, heraus und erläutert seine Bedeutung im therapeutischen Prozeß. Frank Nager unternimmt abschließend den Versuch eines Brückenschlages zwischen dem Gedankengut C. G. Jungs und der Schulmedizin.
Die Botschaft dieses Buches richtet sich über die Ärzteschaft hinaus an jeden, dem das eigene körperliche und seelische Wohl am Herzen liegt: Denn wer bereit ist, »den ›Erlebnisprozeß‹ der Jungschen Psychologie nachzuvollziehen und deren Begrifflichkeit in individuelle Erfahrungssummen umzusetzen, der darf ... eine ›Heilung‹ im Sinne von Ganzwerdung erwarten. Allerdings nicht als einen je zu erreichenden Zustand, sondern als einen ständig sich erneuernden Prozeß der Wandlung.« (Helmut Barz)

Die Autoren

Helmut Barz, geboren 1932, Facharzt für Psychiatrie und Neurologie, arbeitet am C. G. Jung-Institut in Zürich, dessen Präsident er ist. Zahlreiche Veröffentlichungen, zuletzt ›Die zwei Gesichter der Wirklichkeit‹ (1989).
Verena Kast, geboren 1943, ist Professorin für Psychologie an den Universitäten Zürich und Bern, Dozentin und Lehranalytikerin am C. G. Jung-Institut und Psychotherapeutin in eigener Praxis. Bekannt wurde sie vor allem durch ihre Märchendeutungen. Sie veröffentlichte zuletzt: ›Die Dynamik der Symbole‹ (1990).
Frank Nager, geboren 1929, Arzt für Innere Medizin, ist Chefarzt der medizinischen Klinik am Kantonsspital Luzern und Professor an der Universität Zürich. Zahlreiche Fachpublikationen, außerdem: ›Der heilkundige Dichter. Goethe und die Medizin‹ (1990).

Helmut Barz, Verena Kast, Frank Nager:
Heilung und Wandlung
C. G. Jung und die Medizin

Deutscher
Taschenbuch
Verlag

Von Verena Kast
sind im Deutschen Taschenbuch Verlag erschienen:
Wege aus Angst und Symbiose (15031)
Mann und Frau im Märchen (15038)
Familienkonflikte im Märchen (15042)
Wege zur Autonomie (15049)
Märchen als Therapie (15055)
Der schöpferische Sprung (15058)

Ungekürzte Ausgabe
Mai 1991
Deutscher Taschenbuch Verlag GmbH & Co. KG, München
© 1986 Artemis Verlag, Zürich
ISBN 3-7608-0712-7
Umschlaggestaltung: Boris Sokolow
Gesamtherstellung: C. H. Beck'sche Buchdruckerei, Nördlingen
Printed in Germany · ISBN 3-423-15089-0

Inhalt

Vorwort 7

Helmut Barz:
Grundzüge der Psychologie C. G. Jungs 9
  Biographisches 14
  Typologie 17
  Das Unbewußte 21
  Symbol und Archetypus 26
  Persona und Schatten 32
  Der Individuationsprozeß 35

Verena Kast:
Die Bedeutung der Symbole im therapeutischen Prozeß ... 39
  Persönliche und kollektive Symbole 42
  Das Symbol als Träger der schöpferischen Entwicklung . 45
  Symbole als Abbilder der Komplexe 48
  Der therapeutische Umgang mit Symbolen 52
  Die Amplifikation durch Märchenbilder 53
  Symbole als abgebildete Emotionen 57
  Das Symptom als Symbol 62
  Die Aktive Imagination 66

Frank Nager:
C. G. Jung und die moderne Medizin 69
  C. G. Jung als Naturwissenschaftler 70
  C. G. Jung als Diagnostiker der Krisenerscheinungen der
  modernen Medizin 72
  Das Wesen von Krankheit und Heilung bei C. G. Jung .. 78
  Die Idee des Arztes bei C. G. Jung 83
  C. G. Jungs Beitrag zur Zeitenwende und zur Wende in
  der Medizin 90

Anmerkungen 99

Denn ein äußerlich Zerstreuen,
Das sich in sich selbst zerschellt,
Fordert inneres Erneuen,
Das den Sinn zusammenhält.
                    Goethe

Vorwort

Die Größe, aber auch die Grenzen unserer modernen, wissenschaftlich-technisch sehr erfolgreichen Medizin, ihre verblüffenden Fortschritte ebenso wie ihre Übereilungen und Versäumnisse beruhen auf stetem »äußerlich Zerstreuen«. Dieses Zerstreuen und Zersplittern könnte schließlich »in sich selbst zerschellen«, wenn sich die Medizin nicht ernsthafter auf ihre geistigen Grundlagen, auf »inneres Erneuen« besinnt.

Bei allem äußeren technischen und pharmazeutischen Fortschritt sowie bei aller unvermeidlichen wissenschaftlichen Ausweitung und Entwicklung in die Breite wird sich die moderne Medizin vermehrt auch um ihre Tiefe und um jene geistigen Wurzeln kümmern müssen, die den »Sinn zusammenhalten«.

Das richtungweisende und kulturprägende Gedankengut Carl Gustav Jungs ist eine jener belebenden Quellen, aus welchen wir zusammenhaltenden Sinn und inneres Erneuen schöpfen können. Diese Heilquelle sprudelt sowohl für jedes einzelne Glied der Gesellschaft als auch für ihre Medizin, dieses getreue Abbild unserer Kultur und Geisteshaltung.

Heute, dreißig Jahre nach seinem Tod, sollte C. G. Jung und sollten seine fruchtbaren Ideen nicht länger »isoliert zwischen den Fakultäten stehen«[1]. Vielmehr ist die Zeit – mit ihren kräftigen integrativen, interdisziplinären Strömungen – reif für ein Zusammenrücken der »Fakultäten«.

Im Zeichen der Persönlichkeit und des grenzüberschreitenden Gedankengutes von C. G. Jung versuchen die drei Beiträge eine Annäherung zwischen der Analytischen Psychologie Jungs, der an Universitäten vermittelten Psychologie sowie der akademischen Schulmedizin. Sie bemühen sich, diese bisher wenig koordinierten oder einander sogar fremden Disziplinen näher zusammenzuführen und zu integrieren, ihren bisher spröden und mißtrauischen Umgang in einen offenherzigen, fruchtbringenden und freundschaftlichen Gedankenaustausch zu verwandeln.

Unseren drei Arbeiten gemeinsam ist der Grundgedanke eines tiefen Zusammenhangs von Heilung und Wandlung.

Diese uralte, von C. G. Jung wiederbelebte und zeitgemäß

neu gestaltete Grundwahrheit einer Heilung durch Entwicklung, Erweiterung und Versöhnung scheinbar feindlicher Gegensätze (in ihnen liegt wahre Freundschaft!) gilt nicht allein für das einzelne Individuum, sondern ebensosehr für das Kollektiv und für jede seiner Institutionen.

Solche Heilung durch Wandlung betrifft auch die moderne Medizin. Durch »inneres Erneuen«, durch Erweiterung in die Tiefe anstatt einer nur explosiven Expansion in die Breite, kann sie heiler und dadurch – neben all ihren phänomenalen »Reparaturkapazitäten«! – auch heilbringender werden.

Dies ist das Anliegen unseres Buches.

Küsnacht/Zürich, St. Gallen und Luzern
Helmut Barz, Verena Kast, Frank Nager

Helmut Barz:
Grundzüge der Psychologie C. G. Jungs

Am Werk des schweizerischen Psychiaters und Begründers der »Analytischen Psychologie«, Carl Gustav Jung, scheiden sich – immer noch und hoffentlich auch weiterhin – die Geister: Es ruft entweder Zustimmung hervor, die in einzelnen Fällen fast schwärmerische Züge annehmen kann, oder es bewirkt eine nicht minder emotional gefärbte Ablehnung, die nicht immer vor den Grenzen persönlicher Verunglimpfung haltmacht.

Zwischen diesen beiden Extremen wächst glücklicherweise die Zahl jener Leser des Jungschen Werkes, die sich um dessen sachliches Verständnis bemühen; aber selbst sie werden von ihrem Bemühen nicht kalt gelassen: Man kann Jung offenbar nicht objektiv verstehen, ohne zu dem Verstandenen subjektiv Stellung zu beziehen. Die subjektive Stellungnahme zu seinem Werk führt jedoch – in höherem Maße, als dies bei anderen psychologischen Werken der Fall zu sein pflegt – zugleich zu einer persönlichen Konfrontation mit dem Autor, so daß auch der um Sachlichkeit bemühte Leser Jungs kaum darum herumkommt, entweder für oder gegen ihn zu sein.

Ist Jung also ein Religionsstifter, ein Prophet oder Guru? War es seine Absicht, seine Leser entweder zu Abtrünnigen oder zu gläubigen »Jungianern« zu machen?

»Ich kann nur hoffen und wünschen, daß niemand ›Jungianer‹ wird. Ich vertrete ja keine Doktrin, sondern beschreibe Tatsachen und schlage gewisse Auffassungen vor, die ich für diskussionswürdig halte... Ich verkünde keine fertige und abgeschlossene Lehre, und ich perhorresziere ›blinde Anhänger‹«, schreibt Jung in einem Brief von 1946.[1]

Immer wieder bezeichnet er sich als »Empiriker« und schreibt, ebenfalls in einem Brief: »Ich bin ... nur ein Psychiater, denn meine wesentliche Fragestellung, der mein ganzes Streben gilt, ist die seelische Störung, ihre Phänomenologie, Ätiologie und Teleologie. Alles andere spielt bei mir eine auxiliäre Rolle. Ich fühle mich nicht berufen, eine Religion zu stiften, noch eine solche zu bekennen. Ich betreibe keine Philosophie, sondern denke bloß im Rahmen der mir auferlegten speziellen Aufgabe, ein rechter Seelenarzt zu sein.«[2]

Woher rührt dann aber die polarisierende Wirkung Jungs auf seine Leser? Wie kommt es, daß ein Arzt und Empiriker, der Tatsachen beschreibt und Auffassungen zur Diskussion stellt, sich sowohl gegen »blinde Anhänger« als auch gegen blindwütige Verächter zur Wehr setzen muß?

Es liegt an der Beschaffenheit jener Tatsachen und Auffassungen, die Jung in seinem Werk gesammelt, und an der Methode, mit der er sie vorgetragen hat.

Jung ging davon aus, daß wir über »die reale Natur« der Psyche nichts wissen. Denn: »Was sie auch immer von sich selber aussagen mag, nie wird sie sich selber übersteigen. Alles Begreifen und alles Begriffene ist an sich psychisch, und insofern sind wir in einer ausschließlich psychischen Welt hoffnungslos eingeschlossen.«[3]

Das gilt natürlich auch für sein Werk: Es besteht aus Aussagen der Psyche über sich selbst. Zwar liegt diesen Aussagen eine gewaltige Masse von empirisch beobachteten und gesammelten Tatsachen zugrunde, die von Jungs eigener Biographie über seine Erfahrungen mit Patienten bis hin zu den Früchten seiner weit ausgreifenden Lektüre reichen, aber die Seele, die auf der Basis dieses Materials über sich selbst aussagt, ist seine eigene.

Daß er sich dieser Tatsache bewußt war und sie ausdrücklich als seine »persönliche Gleichung« in sein Werk mit einbezog, das macht sowohl die Anziehungskraft als auch die Anstößigkeit dieses Werkes aus – jeweils nach Maßgabe der »persönlichen Gleichung« des Lesers. Wer bei Jung eine im Sinne der Naturwissenschaften objektive Wahrheit sucht, der muß ebenso enttäuscht werden wie jener, der sich bei ihm eine religionsähnliche Heilslehre erhofft.

»Eine wissenschaftliche Wahrheit war für mich eine für den Augenblick befriedigende Hypothese, aber kein Glaubensartikel für alle Zeiten«, schreibt er in seinen Erinnerungen.[4]

Er versuchte nicht, bei der Erforschung der »Wirklichkeit der Seele« einen archimedischen Punkt außerhalb der Seele einzunehmen, weil er wußte, daß es einen solchen nicht gibt. Zwar war er bemüht, die seelische Wirklichkeit so eindeutig und rational zu erfassen, wie irgend möglich; aber dort, wo er auf

Mehrdeutigkeiten und Irrationales stieß, war er nicht bereit, diese Erfahrungen einer scheinbaren Exaktheit zuliebe zu unterdrücken.

So entstand ein Werk, das nicht nur durch die Fülle des symbolgeschichtlichen Anschauungsmaterials verwirrt, die es ständig ausbreiten muß, um sich zu artikulieren, sondern das auch in seinen zentralen Begriffen schwer verständlich und scheinbar widersprüchlich ist.

Die scheinbaren Widersprüche entspringen jedoch nicht einer Inkonsequenz des Denkens, sondern sind Ausdruck einer sich wandelnden Erfahrung der Seele mit sich selbst. Wenn Jung etwa den Begriff »Archetypus« in immer neuen und einander gelegentlich widersprechenden Anläufen umkreist, dann kommt darin die Schwierigkeit zum Ausdruck, eine erfahrene Wirklichkeit, die in sich selbst vieldeutig und widersprüchlich ist, auf einen eindeutigen Begriff zu bringen.

Dann allerdings, wenn es dem Leser gelingt, etwa den Begriff »Archetypus« mit eigener Erfahrung zu füllen, also das nachzuvollziehen, worauf der Begriff noch unzulänglich hinweist, entsteht in ihm jene Überzeugung von der Richtigkeit und Wichtigkeit des Jungschen Werkes, die ihn so leicht dazu verführen kann, aus dem lebendigen Organismus dieses Werkes ein starres Lehrgebäude zu machen und sich selbst als »Jungianer« zu fühlen.

Diese Entwicklung ist, wenn auch von Jung selbst »perhorresziert«, doch verständlich. Denn in der Tat stellt seine Psychologie eine Art von »Weltanschauung« dar – nur eben nicht eine erdachte und dogmatisierte, sondern eine erfahrene und offene Weltanschauung. Von den Archetypen etwa schreibt Jung: »Wenn ihre Existenz einmal erkannt ist, so können sie aus dem Weltbild nicht mehr verbannt werden, auch wenn die das Bewußtsein beherrschende Weltanschauung sich als unfähig erweist, die in Frage stehenden Phänomene zu erfassen.«[5]

Wohlgemerkt heißt es hier: »Wenn ihre Existenz einmal erkannt ist...«, und nicht etwa: »Wenn ihre Definition einmal verstanden ist...«. Jungsche Psychologie vermittelt, weil sie bewußte Aussage der Seele über sich selbst ist, existentielle Erkenntnisse über neue Aspekte der seelischen Wirklichkeit, und zwar auf der Grundlage individueller Erfahrung.

An dieser Stelle mag sich die Frage stellen, ob denn Jungsche

Psychologie überhaupt den Anspruch erheben könne, Wissenschaft zu sein. Wenn man unter Wissenschaft das Bemühen versteht, Erfahrungen der Außen- oder Innenwelt denkend zu ordnen, zu vergleichen und sinnvoll zu verknüpfen, dann ist Jungsche Psychologie in einem speziellen Sinne »Erfahrungswissenschaft«, beschränkt nämlich auf die Erfahrung, die die Seele mit sich selber macht.

So schreibt Jung über einige Grundbegriffe seiner Psychologie: »Der Schatten, die Syzygie (= Animus und Anima, Anmerkung des Verfassers) und das Selbst sind psychische Faktoren, von denen man sich nur auf Grund einer mehr oder weniger vollständigen Erfahrung ein genügendes Bild machen kann. Wie diese Begriffe aus dem Erleben der Wirklichkeit hervorgegangen sind, so können sie auch nur wieder durch die Erfahrung verdeutlicht werden. Eine philosophische Kritik wird an ihnen alles auszusetzen haben, wenn sie nicht vorher merkt, daß es sich um *Tatsachen* handelt und daß der sogenannte Begriff in diesem Fall nichts anderes als eine abgekürzte Beschreibung oder Definition derselben bedeutet. Dem Gegenstand kann sie ebensowenig anhaben wie eine zoologische Kritik dem Schnabeltier. Es handelt sich nicht um den Begriff; er ist ja nur ein Wort und ein Rechenpfennig und hat nur darum Bedeutung und Verwendung, weil er die Erfahrungssumme repräsentiert. Diese kann ich meinem Publikum bedauerlicherweise nicht übermitteln. Ich habe zwar in einigen Publikationen den Versuch gemacht, an Hand kasuistischen Materials das Wesen dieser Erfahrungen und zugleich auch die Methode, die solche Erfahrungen zeitigt, darzustellen. Wo immer meine Methode wirklich angewendet wird, bestätigen sich meine Tatsachenangaben. Man konnte schon zu Zeiten GALILEIS die Jupitermonde sehen, wenn man sich die Mühe nahm, dessen Fernrohr zu benützen.«[6]

Wer das Fernrohr oder besser: das Mikroskop der Jungschen Psychologie benutzt, wird bemerken, daß an die Stelle der Rechenpfennige seiner Begriffe eigene »Erfahrungssummen« treten können, und er muß sich dann vor der Versuchung hüten, diese Erfahrungssummen für ein absolutes Wissen zu halten.

Jung selbst hat immer wieder vor einer Verabsolutierung psychologischer Einsichten gewarnt. »Wie jede Wissenschaft, so hat auch die Psychologie nur einen bescheidenen Beitrag zur besseren und tieferen Kenntnis der Lebensphänomene bereit, aber sie ist ebenso weit vom absoluten Wissen entfernt wie ihre Schwestern.«[7]

Dennoch mag der betroffene Leser, dem das Jungsche Werk zu eigenen »Erfahrungssummen« verholfen hat, sich leicht als ein »Eingeweihter« vorkommen, der über einen Zauberschlüssel verfügt, mit dem er alle Welträtsel aufzuschließen hofft.

Den Abstieg aus solchen illusionären Höhenflügen in die viel bescheidenere und härtere Anwendung der Jungschen Entdeckungen auf das alltägliche eigene Leben hat mancher erfahren, der sich im Anschluß an die Lektüre Jungscher Werke zu einer Jungschen Analyse entschloß: Der vermeintliche Zauberschlüssel wird zu einem nüchternen Werkzeug, das wohl zur Arbeit, aber nicht zur Hexerei geschaffen ist.

Das dürfte ein wichtiger Grund sein, der die Leser Jungs so häufig zur emotionalen Stellungnahme für oder gegen ihn bewegt: Jung beansprucht die eigene Arbeit dessen, der ihn verstehen will – eine Arbeit aber, die nicht auf den Intellekt beschränkt ist, sondern die die ganze Persönlichkeit herausfordert.

Solcher Anspruch aber ist ungewohnt und oft unerwünscht – jedenfalls im Bereich der Wissenschaften. Daher rührt der Umstand, daß manche kurzsichtigen Kritiker Jung Unwissenschaftlichkeit vorwerfen und ihm Mystizismus unterstellen: Sie verkennen Jungs wissenschaftliche Grundeinsicht, die besagt, daß der Tiefenpsychologe, der das Ziel hat, die bewußten und die unbewußten Bereiche der Seele zu untersuchen, über keinen objektiven Standpunkt verfügt, sondern daß er seine eigene Subjektivität zur Methode machen muß. Das Resultat dieser Bemühungen kann zwar objektiv beschrieben werden, aber sein Gehalt bleibt immer der psychische Prozeß selber.

»Das ist auch konsequenterweise das Prinzip meiner Methode überhaupt: Sie ist im Grunde genommen ein reiner Erlebnisprozeß... Was ich schildere, ist also... nichts als eine Beschreibung von psychischen Vorkommnissen, die eine gewisse statistische Häufigkeit aufweisen. Dabei haben wir uns wissenschaftlich in keinerlei Weise auf ein dem psychischen Prozeß irgendwie über- oder nebengeordnetes Niveau begeben oder diesen gar in ein anderes Medium übersetzt.«[8]

Die Beschreibung des »Erlebnisprozesses« als Methode der Jungschen Psychologie ist deswegen für viele ein Stein des Anstoßes, weil es sie herausfordert, ihren eigenen Erlebnisprozeß zum Gegenstand der Untersuchung zu machen oder besser: ihr eigenes Erleben mit dem von C. G. Jung zu konfrontieren.

Es erscheint deshalb auch in einer kurzen Einführung in seine Psychologie sinnvoll, einige Hinweise auf Jungs Biographie zu geben.

Biographisches

Daß er – 1875 – als Sohn eines reformierten Pfarrers geboren wurde, hat ihn ebenso geprägt wie die Verehrung für seinen väterlichen Großvater, der – von Deutschland eingewandert – in Basel als Achtundzwanzigjähriger einen Lehrstuhl für Anatomie, Chirurgie und Geburtshilfe übernahm. Das Spannungsverhältnis zwischen medizinischer und religiöser Betrachtungsweise des Menschen prägte Jungs Leben und Werk bis zu seinem Tode im Jahre 1961.

Trotz seiner schon zur Gymnasialzeit einsetzenden intensiven Beschäftigung mit Philosophie, Geschichte und Religionswissenschaft entschließt er sich zum Studium der Medizin und findet endlich – zu seinem eigenen Erstaunen – den Weg in die Psychiatrie. Mit dreißig Jahren habilitiert er sich an der Psychiatrischen Universitätsklinik Burghölzli in Zürich und wird Oberarzt.

Seine in diesen Jahren angestellten »Diagnostischen Assoziationsstudien« stellten im eigentlichen Sinne »psychosomatische« Forschungen dar. Gleichzeitig mit der experimentellen Untersuchung von Wort-Assoziations-Reihen wurden bei den »Versuchspersonen« körperliche Veränderungen mit den damals exaktesten Methoden gemessen: mit dem Galvanometer der elektrische Hautwiderstand und mit dem Pneumographen das Verhalten der Atmung. Jung konnte zeigen, daß mit »gestörten« Assoziationen immer auch körperliche Begleiterscheinungen einhergehen, die offenbar auf nicht zum Bewußtsein kommende Emotionen zurückzuführen sind, und so konnte er – aufgrund experimenteller, physiologisch und statistisch nachprüfbarer Untersuchungen – den Begriff des »gefühlsbetonten Komplexes« prägen.

Neben den Assoziationsstudien jener Jahre beschäftigten ihn am Burghölzli besonders die psychotischen Produktionen schizophrener Patienten; und C. G. Jung war der erste Psychiater, dem es gelang, hinter den bis dahin für sinnlos gehaltenen Wahnideen und Halluzinationen der »Dementia praecox«-Patienten (wie sie damals noch genannt wurden) einen verschlüsselten »symbolischen« Sinn zu erkennen und ihn aus der Lebensgeschichte der Patienten verständlich zu machen.

Beides – die Entdeckung der gefühlsbetonten Komplexe wie die des symbolischen Gehaltes in scheinbar sinnlosen seelischen Produkten – war grundlegend für sein späteres Werk.

Seine frühen wissenschaftlichen Arbeiten brachten ihm nicht nur akademische Anerkennung, sondern auch die persönliche Beziehung zu jenem Mann ein, der ihn wie kein anderer Zeitgenosse zur Auseinandersetzung herausforderte: Sigmund Freud.

Wer sich mit Jungs Werk auseinandersetzt, darf nicht übersehen, daß Jung ungefähr fünf Jahre lang – von 1907 bis 1912 – derjenige von allen Mitarbeitern Freuds war, auf den der neunzehn Jahre ältere Freud die größten Stücke hielt und in dem er seinen »Nachfolger« und »Kronprinzen« sah. Diese Erwähnung geschieht nicht, um hier dem ebenso komplizierten wie tragischen Verhältnis der beiden Männer nachzugehen, sondern um darauf hinzuweisen, daß Jung ein profunder Kenner der Freudschen Psychoanalyse war und daß er deren Anwendung in einer ihrem Schöpfer kongenialen Weise beherrschte.

Als er sich um 1912 von Freud trennte, bedeutete das zwar einen irreparablen Bruch in der persönlichen Beziehung, aber keine vollständige Abwendung Jungs von der Psychoanalyse. Vielmehr bleiben manche Bestandteile der Freudschen Theorie auch weiterhin bedeutungsvoll für Jungs eigenes Werk: sei es als unverändert beibehaltene Begriffe (wie zum Beispiel »Verdrängung«), sei es als kontrastierender Anstoß (wie zum Beispiel Jungs Erweiterung des Freudschen Konzeptes vom »Unbewußten«), sei es als Ausgangspunkt für Jungsche Gedankengänge, die weit wegführten von Freuds Konzepten (wie zum Beispiel Jungs außerordentliche Vertiefung der Freudschen Begriffe »Übertragung« und »Gegenübertragung«).

Jedenfalls aber war die Auseinandersetzung mit Freud auch

noch Jahrzehnte nach der Trennung von ihm ein Bedürfnis für Jung – und sie war zugleich der Anlaß für eines seiner bekanntesten Bücher: Das Werk ›Psychologische Typen‹ stellt seine wissenschaftliche Verarbeitung des Konfliktes mit Freud dar, eines Konfliktes, der auf der persönlichen Ebene einer befriedigenden Lösung nicht zugänglich war.

Ob tatsächlich – wie manche Kritiker meinen – das Zerwürfnis mit Freud zu Jungs unrühmlicher Haltung gegenüber dem aufkommenden Nazitum in Deutschland beigetragen hat, bleibe dahingestellt.

So abwegig es jedoch einerseits ist, Jung als Antisemiten oder als Nazi zu bezeichnen – die genaue Lektüre seiner Äußerungen aus den Anfangsjahren der Nazizeit belegt das –, so unsinnig wäre es andererseits zu leugnen, daß Jungs Verhalten in jenen Jahren, und besonders im Juni 1933, politisch unklug und anstößig war.

Mehr als fünfzig Jahre später muß man – und zwar gerade als Verehrer Jungs und seines Werkes – dazu stehen, daß es ein Akt bestürzender politischer Unklugheit war, als Jung im Juni 1933 in Deutschland das Amt des Präsidenten der »Allgemeinen Ärztlichen Gesellschaft für Psychotherapie« übernahm, das Ernst Kretschmer aus Protest gegen die Nazis niedergelegt hatte. Weder Jungs damalige Hoffnung, als Ausländer einen positiven Einfluß ausüben zu können, noch die Tatsache, daß er auch in jenen Jahren vielen seiner jüdischen Freunde und Patienten hilfreich zur Seite stand, können sein damaliges politisches Verhalten ungeschehen machen. Um 1946 formulierte er es Leo Baeck gegenüber so: »Jawohl, ich bin ausgerutscht.«[9]

Man darf sich C. G. Jung jedoch nicht als weltfremden, eigenbrötlerischen Einsiedler vorstellen, der in einseitig introvertierter Weise nur der versponnenen Innenschau zuliebe gelebt hätte. Vielmehr berichten alle, die ihn kannten, von seiner herzlichen Aufgeschlossenheit und seiner Bereitschaft, sich jedem an ihn herantretenden Menschen und jedem Ereignis mit Interesse zuzuwenden. Seine Briefe zeigen ihn als einen hellhörigen, einfühlsamen und wandlungsfähigen Gesprächspartner, der mit den weitesten Zusammenhängen der Gegenwart wie der Geschichte vertraut war.

Als Briefschreiber wie wohl auch als Gesprächspartner

konnte er behutsam oder grob, teilnehmend oder ironisch, sehr offen oder ganz distanziert auf seine Partner eingehen.

Eine ursprüngliche und sinnliche Verbundenheit mit der Natur gehörte ebenso zu seinem Wesen wie das unbegreiflich vielfältige Wissen, das ihm zur Verfügung stand. Wohl war er ein gelehrter Professor der Eidgenössischen Technischen Hochschule in Zürich, von dessen mächtiger Gestalt bis ins hohe Alter etwas Ehrfurchterweckendes und Aristokratisches ausging; aber er war zur gleichen Zeit ein Handwerker und ein Freund der Bauern, der sich mit Wind, Wasser und Bergen auskannte, der vorzüglich zu kochen verstand und dessen ungewöhnliche Art, dröhnend zu lachen, bis heute bei einigen, die ihm nahestanden, fortzuleben scheint.

Ausgedehnte Forschungs- und Vortragsreisen führten ihn nach Nordamerika, Afrika und Indien, und seine Briefpartner waren über die ganze Erde verstreut.

In seinem großen Haus am Zürichsee empfing er nicht nur Patienten aus allen Erdteilen, hier trafen sich nicht nur Gelehrte aller Fakultäten zum Gespräch, sondern hier wurden auch im Kreise seiner großen Familie und seiner Freunde ausgelassene Feste gefeiert.

Allerdings war das nicht sein einziges Haus. Seit 1923 baute er eigenhändig an seinem »Turm« in Bollingen, der am oberen Zürichsee weitab von der Stadt einsam am Ufer steht. Hierhin zog sich der introvertierte Jung zurück, der – trotz aller Fähigkeit und Bereitschaft zur extravertierten Teilnahme an der Außenwelt – letztlich stets auf die Innenwelt bezogen blieb, von der her und auf die zu er eigentlich lebte.

Typologie

Von der unterschiedlichen Einstellung verschiedener Menschen zur Außen- und zur Innenwelt handelt Jungs 1921 erschienenes Buch ›Psychologische Typen‹. Es ist – vor allem durch das darin eingeführte Begriffspaar »Extraversion« und »Introversion« – zu einem seiner bekanntesten Werke geworden und stellt zugleich, wie schon erwähnt, seine wissenschaftliche Verarbeitung des Konfliktes mit Freud dar.

Jung hatte früh erkannt, daß die unvereinbaren Gegensätze zwischen ihm und Freud nicht nur individueller Natur waren, sondern daß in ihnen Typisches zum Ausdruck kam, dessen große Bedeutung *für* das psychologische Denken unbedingt *durch* psychologisches Denken erfaßt und berücksichtigt werden mußte.

Auch darin kam seine Bereitschaft zum Ausdruck, die subjektiven Voraussetzungen seines Erlebens und Denkens, die durch seine individuelle seelische Struktur gegeben waren, stets mit in Rechnung zu stellen und von daher seine Resultate zu relativieren.

An der Diskrepanz zwischen der Freudschen und seiner eigenen Art des Forschens erkannte er ein weiteres Mal den Gegensatz zwischen den beiden seelischen »Einstellungstypen«, die er in seinem – acht Jahre nach der Trennung von Freud erschienenen – Buch nicht nur theoretisch beschrieb, sondern deren kulturgeschichtliche Auswirkungen er an Beispielen von der Antike bis in die Gegenwart anschaulich darstellte.

Zweifellos war Jungs eigene Grundeinstellung introvertiert, und er hat nie einen Zweifel daran gelassen, daß seine psychologische Forschung von einer solchen Einstellung ausging.

Das bewußte Interesse des Introvertierten gilt vorwiegend der eigenen Innenwelt. Das Subjektive ist für ihn das eigentlich Faszinierende, die innere »Wirklichkeit der Seele« ist ihm verbindlicher und bedeutsamer als die Wirklichkeit der äußeren Objekte. Die Maßstäbe für seine Urteile und sein Handeln sucht er – und sei es gelegentlich im Widerspruch zu den Erfordernissen der äußeren Anpassung – in den Gesetzen des »Weltinnenraums« (Rilke), die zu erkennen sein eigentliches Ziel ist.

Ein extrem und ausschließlich Introvertierter kann deswegen ein verschlossener und gehemmter Einzelgänger sein, ungeschickt im Auftreten, ängstlich, mißtrauisch und selbstkritisch. Gegen die als feindlich empfundene Außenwelt sucht er sich zu schützen durch Unauffälligkeit, Korrektheit, abgezirkelte Höflichkeit. Der Kontakt mit anderen ist ihm – von ganz wenigen Ausnahmen abgesehen – lästig. Hingegen: »Der Umgang mit sich selbst ist ihm Vergnügen. Seine eigene Welt ist ein sicherer Hafen, ein ängstlich gehüteter, ummauerter Garten, vor aller Öffentlichkeit und zudringlicher Neugier geborgen. Seine eigene Gesellschaft ist ihm die beste.«[10]

Der extrem und einseitig extravertierte Mensch ist in jeder Hinsicht das Gegenteil. Sein bewußtes Interesse gilt ausschließlich der äußeren Welt, in der er sich zu Hause und sicher fühlt. »Das seelische Leben dieses Typus spielt sich gewissermaßen außerhalb seiner selbst, in seiner Umgebung ab. Er lebt in und mit andern; der Umgang mit sich selber aber ist ihm unheimlich.«[11]

Geschildert sind hier extreme Vertreter der beiden Typen, wie sie in reiner Form nur selten anzutreffen sind. So wenig wie Jung ein ausschließlich Introvertierter war, so wenig war Freud lediglich extravertiert. Daß aber das starke Überwiegen der einen oder der anderen Grundeinstellung eine wesentliche Ursache der Unverträglichkeit zwischen den beiden großen Entdeckern war, daran besteht kein Zweifel.

Nun erschöpft sich aber Jungs Typologie nicht in der Konstatierung der beiden Einstellungstypen. Hinzu kommt seine Unterscheidung von vier »Orientierungsfunktionen«, von denen jeweils eine vom Individuum als »Hauptfunktion« bevorzugt benutzt wird, um sich bewußt mit der Welt auseinanderzusetzen. Es sind dies das Denken, das Fühlen, die Empfindung und die Intuition. Jung schreibt dazu: »Der Empfindungsvorgang stellt im wesentlichen fest, daß etwas ist, das Denken, was es bedeutet, das Gefühl, was es wert ist, und die Intuition ist Vermuten und Ahnen über das Woher und das Wohin.«[12]

Ein »Fühltyp« ist also ein Mensch, der sich vorzugsweise fühlend mit der Welt konfrontiert, während ein »Denktyp« vorwiegend über sie nachdenkt, was allerdings nichts über die Qualität seines Denkens aussagt: Die bevorzugte oder »Hauptfunktion« wird nur am meisten benutzt, sie muß deswegen nicht besonders qualifiziert sein!

Es ist klar, daß Denken und Fühlen entgegengesetzte Funktionen sind: Dem Denktyp liegt das Fühlen besonders fern – es wird deswegen von Jung als dessen »minderwertige Funktion« bezeichnet –, und dem Fühltyp ist das Denken eher fremd.

Der gleiche Gegensatz besteht zwischen Empfindung und Intuition: Wer als Empfindungstyp ganz vorwiegend darauf eingestellt ist, die Welt mit den Sinnesorganen faktisch wahrzunehmen, der ist wenig geneigt, sie auch noch zu ahnen und zu erspüren. Und die ahnungsvollen »Intuitiven« spüren zwar beispielsweise die Problematik eines anderen Menschen sehr gut, aber sie können kaum angeben, ob er blonde oder schwarze Haare hat.

Da nun alle vier Funktionstypen sowohl bei Intro- als auch bei Extravertierten anzutreffen sind, kommt Jung zu acht Grundtypen.

Natürlich ist das ein grobes Schema, mit dem sich niemals die Individualität eines Menschen einfangen läßt, aber es erlaubt doch in vielen Fällen das Verstehen von scheinbar unerklärlichen Mißverständnissen und Unverträglichkeiten.

So wird ein extravertierter Empfindungstyp die größte Mühe haben, einen introvertierten Intuitiven zu verstehen. Die beiden erleben sowohl sich selbst als auch die Außenwelt unter entgegengesetzten Vorzeichen, und jeder von beiden wird den anderen für unverstehbar oder auch für verschroben halten, weil jeder Mensch die Erlebnisweise seines eigenen Typus für die einzig richtige oder sogar die einzig mögliche hält. Erst das Wissen um die verschiedenen Typen kann wenigstens die theoretische Einsicht vermitteln, daß der andere eben die Welt verschieden erlebt und sich deswegen mit ihr anders auseinandersetzt.

Wenn beispielsweise ein Chirurg und ein Psychiater Mühe haben sollten, einander zu verstehen und gelten zu lassen, dann kann die Jungsche Typologie beiden ein nützliches Licht aufstecken: Der Chirurg ist dem Psychiater nicht deswegen so unverständlich, weil er Chirurg ist, sondern er wurde Chirurg, weil er ein extravertierter Empfindungstyp ist; und der Psychiater ist nicht durch seinen Beruf deformiert, sondern er wurde Psychiater, weil er introvertiert und ein Intuitiver ist. Es mag, nebenbei bemerkt, durchaus auch introvertierte Chirurgen und extravertierte Psychiater geben!

Viele fruchtlose Diskussionen, unglückliche Ehen oder auch scheiternde Psychotherapien könnten vermieden werden, wenn beide Beteiligten den eigenen und den vielleicht entgegengesetzten Typus des anderen verständnisvoll in Betracht ziehen würden.

Förderung des Selbstverständnisses und der Toleranz gegenüber anderen sind jedoch nicht der einzige praktische Nutzen der Jungschen Typologie. Denn auch sie stellt – wie alles bei Jung – nicht etwas festgelegt Statisches dar, sondern zielt auf Dynamik und Wandlung.

Jung wollte niemanden dazu ermuntern, sich auf seinem einmal diagnostizierten Typus zur Ruhe zu setzen und etwa zu sagen: »Ich bin nun mal ein introvertierter Denktyp – also kann ich nicht anders.« Vielmehr sieht Jung es als ein Ziel der »Individuation« an, daß der Mensch sich bemüht, seine »minderwertige« Funktion zu üben und seiner »Einstellung« allmählich auch deren Gegensatz hinzuzufügen. Der introvertiert-intuitive Psychiater sollte also seine Extraversion und seine Empfindung pflegen und der extravertierte Chirurg seine Introversion und Intuition; und man darf sicher sein: Es würde beiden sowohl in ihrem Privatleben als auch in ihrem Beruf sehr zugute kommen.

Die Zuwendung zur minderwertigen Funktion und zur unbenutzten Einstellung bedeutet nämlich die Abwendung von der bisherigen einseitigen Bewußtseinshaltung und damit ein Hinhören auf das Unbewußte.

Das Unbewußte

Es wurde bei der Beschreibung der Typen betont, daß die Grundeinstellung und die Hauptfunktion eines Menschen die Weise ausmachen, in der er sich *bewußt* in der Welt orientiert und verhält.[13]

Wir sind in der westlichen Kultur gewohnt, den seelischen Anteil unserer Persönlichkeit mit dem gleichzusetzen, was wir bewußt von uns wahrnehmen, unter »Seele« also eigentlich »Bewußtsein« zu verstehen oder doch stillschweigend vorauszusetzen, daß Seelisches nur dann vorhanden sei, wenn es einem Subjekt zum Bewußtsein komme. Dem widerspricht die Tiefenpsychologie mit ihrem Konzept des Unbewußten in einer fundamentalen Weise, indem sie behauptet, daß die Seele nur zu einem kleinen Teil sich selber kenne, während weitaus größere Bereiche des Seelischen sich außerhalb des Bewußtseins befänden.

Bei unvoreingenommener Selbstbeobachtung vermag man diese Behauptung zumindest teilweise zu verifizieren. Nehmen wir als Beispiel die vier Funktionen der Jungschen Typologie. Offenbar haben wir zahlreiche Wahrnehmungen oder Empfindungen, die wir nicht bewußt registrieren und die dennoch in unserem Gedächtnis gespeichert werden. Offenbar gibt es überhaupt unzugängliche Bereiche in unserem Gedächtnis, in die wir bisweilen wie aus Versehen hineingeraten und in denen wir Inhalte gewahren, die uns anscheinend vorher nie bewußt gewesen waren; offenbar verläuft unser Denken über weite Strecken ohne Begleitung des Bewußtseins und bringt gelegentlich nützliche »Einfälle« hervor, die durch bewußte Anstrengung niemals hätten herbeigezwungen werden können; offenbar gehört es geradezu zum Wesen des Fühlens, daß es sich zwar oft dem Bewußtsein heftig aufdrängt, dann aber wieder über weite Strecken gleichsam unterirdisch dahinströmt, um sich gerade in diesem unbemerkten Zustand tiefgreifend zu verändern. Und was die Intuition angeht: So eindrücklich auch oft ihre Ergebnisse sind, so schwierig ist es doch, ihr Funktionieren bewußt zu erleben.

Das mit diesen Beispielen angedeutete seelische Geschehen ist durchaus nicht ausschließlich etwas jeweils Nicht-Bewußtes: Denn wir können es auch durch größte Aufmerksamkeit niemals willkürlich ins Bewußtsein heben, sondern es immer nur indirekt erschließen, indem wir seine Auswirkungen erfahren; und damit trägt es den Charakter des Unbewußten.

Das ist eine wichtige Aussage über das Unbewußte: Es ist der direkten Beobachtung nicht zugänglich, sondern kann nur aufgrund seiner Auswirkungen hypostasiert werden; der Begriff hat also lediglich den Charakter eines Modells. Sofern es gelingen würde, überzeugendere Erklärungsmodelle für das zu finden, was die Tiefenpsychologie als Auswirkungen des Unbewußten auffaßt, so wäre damit die Hypothese des Unbewußten außer Kraft gesetzt – was bisher jedoch noch nicht der Fall ist.

Als der »Entdecker« des Unbewußten wird häufig Sigmund Freud angesehen. Richtig ist das nur für den Bereich der medizinischen Psychologie; in Philosophie und Dichtung wurde das Unbewußte unter dieser Bezeichnung bereits im frühen neunzehnten Jahrhundert ausführlich bedacht – ganz abgesehen von impliziten Vorwegnahmen des Begriffes in früheren Jahrhunderten.

Für Sigmund Freud war das Unbewußte im wesentlichen etwas im Laufe des individuellen Lebens Entstandenes. Zwar hat er an mehreren Stellen seines Werkes von »archaischer Erbschaft« gesprochen, die beispielsweise als »Urphantasie« zum Bewußtsein komme und nicht aus individueller Erfahrung stamme, aber er ist dieser Hypothese nicht ausführlich nachgegangen.

Vielmehr steht im Zentrum seiner Erforschung des Unbewußten der – auch von Jung beibehaltene – Begriff der »Verdrängung«. Verdrängung geschieht dann, wenn ein Mensch durch eine Triebregung in einen Konflikt gerät: Zwar verspricht die Befriedigung des Triebes einerseits Lust, aber sie könnte andererseits auch Unlust nach sich ziehen, nämlich dann, wenn sie zu moralischen oder ethischen Forderungen im Widerspruch steht.

Um diesen Konflikt abzuwehren, kann der Mensch die verbotene Triebregung (beziehungsweise die den Trieb repräsentierenden Bilder, Gedanken und Vorstellungen) aus dem bewußten Gedächtnis auslöschen oder eben verdrängen.

Diese Verdrängung geht zwar von einem Impuls des Bewußtseins aus, führt dann aber zur gänzlichen Unbewußtheit des Verdrängten. Obgleich nun das Verdrängte für das Bewußtsein nicht mehr existiert, ist es doch keineswegs wirklich beseitigt, sondern führt ein Eigenleben an einem dem Bewußtsein unzugänglichen Ort: Dieser imaginäre Ort ist das Unbewußte.

Das Unbewußte ist also in Freuds Sicht weitgehend mit dem Verdrängten gleichzusetzen. Da aber der Anlaß zur Verdrängung die Unvereinbarkeit eines (Trieb-)Wunsches mit den moralischen Forderungen des Bewußtseins war, sind die Inhalte des Unbewußten ganz überwiegend negativer Art. Das Unbewußte stellt deswegen in Freuds Sicht eine Bedrohung des Bewußtseins dar, denn seine Inhalte wirken störend oder gar krankmachend auf das bewußte Leben ein. Da alle neurotischen und psychotischen Symptome letztlich auf Verdrängungen zurückgehen, ist das Unbewußte für Freud der größte Widersacher der seelischen Gesundheit. So ist es verständlich, daß er die Arbeit des Analytikers als eine Arbeit *gegen* das Unbewußte versteht beziehungsweise daß er das Ziel der Psychotherapie darin sieht, möglichst viel Unbewußtes durch die Analyse bewußt und damit unschädlich zu machen. Und wenn es gelingen würde, das menschliche Leben von Kindheit auf so zu gestalten, daß keine Verdrängungen mehr nötig wären, dann würde es für diese Sicht nahezu kein Unbewußtes mehr geben.

Daß C. G. Jung sich von Freud lossagen mußte, hatte seinen Grund nicht nur darin, daß er der Sexualität nicht den gleichen letztgültigen Stellenwert zumessen konnte, wie Freud es bekanntlich tat. Mehr noch lag es daran, daß er von Anfang an die Ahnung eines viel umfassenderen Konzeptes vom Wesen des Unbewußten in die Zusammenarbeit eingebracht hatte, was dann, sobald er in der Lage war, die Grundzüge dieses Konzeptes zu formulieren, zum Bruch mit Freud führte.

Die weitere Lebensarbeit von Jung galt dann vor allem der Ausarbeitung dieses Konzeptes. Dabei mußte er die Erfahrung machen, daß er jenen Bereich des Unbewußten, um den es ihm eigentlich ging, nicht theoretisch von außen, sondern nur empirisch von innen erforschen konnte. So überließ er sich ganz bewußt dem Ansturm innerer Bilder, dem Sog von Visionen, der Übermacht großer Träume.

Es waren Jahre äußerster seelischer Gefährdung, in denen er Stimmen hörte, Visionen hatte, von Spukerscheinungen heimgesucht wurde, merkwürdige Bilder malte und »Reden an die Toten« schrieb.

Er muß sich damals in einem Zustand befunden haben, der, wenn er unfreiwillig bei einem nicht-genialen Menschen auftritt, als Psychose zu bezeichnen wäre. Er schrieb darüber: »Es ist natürlich eine Ironie, daß ich als Psychiater bei meinem Experiment auf Schritt und Tritt demjenigen psychischen Material begegnet bin, das die Bausteine einer Psychose liefert und das man darum auch im Irrenhaus findet.«[14]

Zweifellos wäre ein Geringerer als er in jenem Strudel untergegangen. Die Geschichte wäre dann achselzuckend über einen irre gewordenen Irrenarzt hinweggegangen, der besser daran getan hätte, in der überschaubaren Sicherheit der Freudschen Lehre zu verharren. Jung aber hatte die Nachtmeerfahrt nicht nur angetreten, sondern er konnte sie durchstehen, und so kam er zurück als einer, der von der Unterwelt mehr erfahren hatte, als man vom sicheren Hafen aus ahnen kann.

»Die Erkenntnisse, um die es mir ging oder die ich suchte, waren in der Wissenschaft jener Tage noch nicht anzutreffen. Ich mußte selber die Urerfahrung machen und mußte überdies versuchen, das Erfahrene auf den Boden der Wirklichkeit zu stellen.«[15]

Aus diesem Bemühen, seine eigenen Urerfahrungen auf den

Boden der Wirklichkeit zu stellen, nämlich sie in eine wissenschaftlich-psychologische Sprache zu übersetzen, entsteht Jungs Konzeption des »kollektiven Unbewußten« und der darin wirksamen Archetypen.

Jung hatte erfahren, daß das Unbewußte mehr enthält als verdrängte Wünsche oder Ereignisse des individuellen Lebens. Ihm waren in Träumen und Phantasien Gestalten begegnet und Zusammenhänge erschienen, die unmöglich seiner persönlichen Erfahrung entstammen konnten, weil sie Inhalte repräsentierten, von denen er in seinem Leben niemals etwas zur Kenntnis genommen hatte.

Dieselbe Erfahrung hatte er schon früher während seiner psychiatrischen Arbeit mit psychotischen Patienten gemacht: Einen Teil ihrer Symptome konnte er zwar als Ausdruck des »persönlichen Unbewußten« im Freudschen Sinne deuten, aber ein anderer Teil war offenbar nur dann zu verstehen, wenn man annahm, daß der Mensch in seinem Unbewußten Zugang hat zu seelischen Bereichen, die jahrtausendeweit in die Geschichte der Menschen zurückreichen. Während für Freud das (persönliche) Unbewußte ein Produkt der vom Bewußtsein ausgehenden Verdrängung ist, sieht Jung das Bewußtsein als einen Abkömmling des kollektiven Unbewußten an: Das kollektive Unbewußte ist dem Ich-Bewußtsein präexistent, es läßt das Bewußtsein des Individuums aus sich hervorgehen, es ist gewissermaßen dessen Mutterboden.

Diese Einsicht hat weitreichende Konsequenzen. Denn wenn man sie akzeptiert, kommt für die leib-seelische Gesundheit des Menschen alles darauf an, daß das Bewußtsein sich nicht in trügerischer Autonomie abkapselt, sondern daß es sich immer wieder auf das kollektive Unbewußte als auf seinen Ursprung zurückbezieht.

Eine realistische, lebendige und befruchtende Beziehung zwischen dem Ich-Bewußtsein und dem Unbewußten zu fördern ist deswegen das wichtigste Ziel Jungscher Psychotherapie.

»Der Mensch kann nicht lange im bewußten Zustande oder im Bewußtsein verharren; er muß sich wieder ins Unbewußtsein flüchten, denn darin lebt seine Wurzel.« Dies sagt nicht etwa Jung, sondern – am 5. August 1810 – Goethe zu Riemer.[16]

Von daher ergibt sich für jede Form von Therapie, die den ganzen Menschen, also auch seine Beziehung zum Unbewußten erreichen will, die Notwendigkeit, dessen Strukturen so genau wie irgend möglich zu erforschen – aber nicht zum Zwecke einer blinden Verherrlichung des Unbewußten, sondern, im Gegenteil, zur Förderung, Erweiterung und Sicherung des Bewußtseins.

Symbol und Archetypus

Der nächste Beitrag dieses Buches beschäftigt sich ausführlich mit dem Jungschen Verständnis des Symbols und seiner Bedeutung für den therapeutischen Prozeß. Dennoch muß auch hier eine kurze Beschreibung des Begriffes »Symbol« gegeben werden, weil er zum Verständnis des Archetypus unerläßlich ist.

Unter einem »Symbol« verstehen wir in der Jungschen Psychologie eine mit den Sinnen wahrgenommene Gestalt, die für den wahrnehmenden Menschen auf etwas hinweist, das über sie selbst hinausgeht und das er ohne diese symbolische Gestalt nicht wahrzunehmen oder auszudrücken vermöchte. Daß das im Symbol Erscheinende ausschließlich durch das Symbol evoziert werden kann, unterscheidet das Symbol von anderen Gebilden mit Hinweischarakter, also etwa vom Zeichen oder von der Allegorie.

Denn während etwa ein Verkehrszeichen aufgrund von Übereinkunft eine ganz bestimmte Bedeutung hat, die aber genausogut auch durch ein anderes Zeichen ausgedrückt werden könnte, vermag das Symbol nicht etwas Bestimmtes zu bedeuten, sondern es kann lediglich etwas Vages andeuten. Es ist – sofern es sich nicht um ein Kunstwerk handelt – von niemandem erdacht worden, sondern wird in der Welt der vorhandenen Dinge vorgefunden, und es besitzt seinen hinweisenden Charakter durchaus nicht für jeden, sondern nur für denjenigen, dem es als Symbol erscheint. Das Unbestimmte, auf das es stark, aber unerklärlich hinweist, scheint auf dieses Symbol angewiesen zu sein, um überhaupt bemerkbar zu werden; jedenfalls kann es weder in anderen Gestalten noch gar durch erklärende Worte ausgedrückt werden.

Dabei ist der Hinweischarakter des Symbols dem, der es erfährt, gar nicht bewußt; vielmehr besitzt für ihn das Symbol Lebendigkeit und Macht in sich selbst, und nur der außenstehende Beobachter kann sagen, daß es die Macht und Lebendigkeit dessen sei, worauf das Symbol hinweist. Wenn also etwa ein archaischer Mensch in einem Stein oder Tier eine Gottheit verehrt, dann können wir von außen sagen, der Stein oder das Tier ist für ihn ein *Symbol* des Göttlichen; für ihn selbst *ist* es ein Gott.

In der Sicht der Jungschen Psychologie sind Symbole das Resultat von Projektionen unbewußter seelischer Gehalte auf äußere Objekte, die entweder als Ganzes oder durch einzelne ihrer Bestandteile als »Projektionsträger« geeignet sind. Unter »Projektion« verstehen wir einen unbewußt ablaufenden seelischen Vorgang, der darin besteht, daß ein dem Bewußtsein nicht zugänglicher Bestandteil der Seele – also etwas Nicht-Materielles – hinausverlegt und so auf einen realen Gegenstand projiziert wird wie ein Filmbild auf die Leinwand.

Diesem Vorgang kommt in der Jungschen Psychologie eine überragende Bedeutung zu, denn nach ihrer Auffassung wird Unbewußtes – außer durch Gefühle und Intuitionen, die aber weitgehend unfaßbar bleiben – dem Bewußtsein ausschließlich auf dem Wege der Projektionen zugänglich.

Die äußere Gestalt des Symbols muß also psychologisch als »Projektionsträger« aufgefaßt werden, und das, worauf das Symbol hinweist, ist ein Teil des Unbewußten desjenigen, der das Symbol erlebt.

Aus dieser Sicht ist es verständlich, warum das Symbolisierte nicht anders als in diesem Symbol erfahren werden kann: eben weil es, wenn nicht projiziert, unbewußt ist. Es ist ebenfalls verständlich, warum das Symbol eigenes Leben und eigene Macht zu besitzen scheint: eben weil es einen Teil des energiegeladenen Potentials des Unbewußten widerspiegelt. Und schließlich ist verständlich, warum der Umgang mit Symbolen den Menschen so stark fasziniert und seine seelische Entwicklung entscheidend beeinflussen kann: eben weil die Auseinandersetzung mit Symbolen eine indirekte Auseinandersetzung mit dem Unbewußten ist.

Die hier skizzierte Auffassung des Symbols unterscheidet C. G. Jungs Analytische Psychologie sehr stark von der Freudschen Psychoanalyse, in der von »Symbolen« zwar gesprochen wird, wobei aber mit diesem Begriff weit eher »Zeichen« gemeint sind.

Neu ist der Jungsche Symbolbegriff jedoch nicht: Er läßt sich bis in die antike Philosophie zurückverfolgen, fand eine starke Ausprägung in der Romantik und spielt – in unserem Jahrhundert – eine bedeutende Rolle beispielsweise bei Paul Tillich.

Das Neue in Jungs Werk ist die Modellvorstellung von »Strukturdominanten der Psyche«[17], die die seelische Entwicklung des Menschen dadurch gliedern und lenken, daß sie in einer erkennbaren Gesetzmäßigkeit die Entstehung symbolischer Bilder bewirken.

Diese »Strukturdominanten« haben – bildlich gesprochen – ihren Sitz im kollektiven Unbewußten, sie sind also allen Menschen zu allen Zeiten gemeinsam, ohne dem Bewußtsein direkt zugänglich zu sein. Jung nennt sie die »Archetypen des kollektiven Unbewußten«.

Er hat häufig auf die enge Beziehung der Archetypen zu den Instinkten hingewiesen. »Instinkte« sind ererbte Verhaltensmuster, die in sich selbst unanschaulich und nur an den von ihnen bewirkten »Instinkthandlungen« indirekt erkennbar sind.

Dafür, daß eine Instinkthandlung in Gang kommt, bedarf es im allgemeinen zweier Voraussetzungen: nämlich von außen her eines entsprechenden einfachen »Schlüsselreizes«, der von den Sinnesorganen des Lebewesens aufgenommen wird, und von innen her dessen, was die Verhaltensforscher »angeborene Auslösemechanismen« nennen. Erst das Zusammentreffen dieser beiden Faktoren bewirkt das Zustandekommen der zu ihnen gehörigen Instinkthandlung.

Mit dem Jungschen Begriff des »Archetypus« verhält es sich ähnlich. Auch der Archetypus ist die Modellvorstellung einer ererbten Struktur – deren Lokalisation noch unbekannt ist. Auch der Archetyp wählt aus komplexen Umweltreizen bestimmte typische Kombinationen aus und bewirkt sodann bestimmte Reaktionen, die nun aber nicht wie beim Instinkt in mehr oder weniger einfachen Bewegungsabläufen bestehen, sondern in teilweise hochkomplizierten Kombinationen von Gefühlen, Strebungen und Vorstellungen, und vor allem darin, daß symbolische Bilder entweder phantasiert oder direkt auf die Umwelt projiziert werden.

Die Archetypen sind also die Bewirker und Anordner der allgemein menschlichen Symbolkombinationen, wie sie uns in überraschender Gleichförmigkeit in Mythen, Märchen, Folklore und Kunstwerken aller Völker und Zeiten entgegentreten.

Da der Bewußtwerdungsprozeß des einzelnen wie der Menschheit nicht anders als in der Orientierung an Symbolen vor sich gehen kann, sind die Archetypen – als Anordner der Symbole – die Voraussetzung für die Entstehung von Bewußtsein. Damit ist auch gesagt, daß ihnen eine eigene Dynamik innewohnt, denn indem sie die Symbolbildung in Gang setzen, bewirken und erhalten sie den seelischen Entwicklungsprozeß – so wie die Instinkte das körperliche Leben bewirken und erhalten.

Das kollektive Unbewußte mit den in ihm enthaltenen Archetypen ist also in diesem Modell der Mutterboden, aus dem nicht nur das Ich-Bewußtsein des Individuums, sondern alle spezifisch menschlichen Möglichkeiten seelischer und geistiger Entfaltung hervorgehen. – Dabei kann nicht oft genug betont werden, daß Jung mit dem Begriff »Archetypus« nicht etwa die unhaltbare Hypothese von ererbten Bildern verband. Nein, Archetypen sind unanschauliche Strukturelemente des kollektiven Unbewußten, die lediglich die Bereitschaft zur Hervorbringung von Bildern darstellen. Die Bilder selbst beziehungsweise die »Projektionsträger« werden natürlich aus der Umwelt beziehungsweise aus dem Erfahrungsschatz des Individuums, des Kollektivs genommen. – Archetypen sind nicht Bilder, sondern stellen sich dem Bewußtsein in Gestalt von Bildern beziehungsweise Symbolen dar.

In einem naturwissenschaftlichen, kausal-mechanischen Weltbild wird die Bedeutung von Symbolen stark unterschätzt. Sie können aber nicht als Relikte eines mystischen Weltbildes abgetan oder zu verzierendem Beiwerk lyrischer Stimmungen verharmlost werden. Vielmehr üben symbolische Bilder nach wie vor den größten Einfluß auf das alltägliche Erleben und Handeln des Menschen ebenso wie auf seine Weltanschauung aus.

Um diese Behauptung zu begründen, müssen wir kurz auf die von Jung oft erwähnte Beziehung zwischen Trieben und Archetypen hinweisen. Für eine psychologische Betrachtungsweise sind unsere sämtlichen Strebungen und Handlungen letztlich auf Triebimpulse zurückzuführen, wie es Freud in überzeugender Weise dargelegt hat. Jung erkennt dem Trieb sogar eine noch umfassendere Bedeutung zu als Freud, indem er schreibt: »Das Geistige erscheint in der Psyche auch als ein Trieb.«[18]

Auf welches Ziel auch immer ein Trieberlebnis gerichtet sein mag: Es ist beim Menschen stets von Bildern oder Phantasien begleitet, die ihm Richtung weisen und Kraft verleihen.

Solche Phantasiebilder können Vorwegnahmen des Triebziels sein, dann sind sie relativ bewußtseinsnah. In größerer Entfernung vom Bewußtsein aber drängen sich als Begleiter des Trieberlebnisses Bilder, Vorstellungen und Assoziationen, die nichts Erkennbares mit dem Triebziel zu tun haben. Nicht alle Menschen können sich diese triebbegleitenden Phantasien bewußt machen; um so deutlicher treten sie dann jedoch in den Träumen zutage und können dort genauestens studiert werden.

Es ist wohl einleuchtend, daß diese Bilder – und zwar ganz besonders dann, wenn sie nicht voll zum Bewußtsein kommen – das Erleben und Verhalten des Menschen in hohem Maße beeinflussen, indem sie das nackte Trieberlebnis gewissermaßen umhüllen und es damit in einen größeren Zusammenhang stellen. Auch diese Phantasiebilder im Umkreis der Trieberlebnisse sind – wie die auf die äußeren Objekte projizierten Symbolgehalte – Auswirkungen der Archetypen. Jung bezeichnet die Archetypen deswegen auch als »Formprinzip der Triebkraft« oder direkt als »das Bild des Triebes«.[19]

Was also beispielsweise das Kind von der Mutter erfährt, ist nicht nur die Auswirkung von deren »Bemutterungstrieb«, sondern es erlebt – in der Verkörperung durch die persönliche Mutter – die symbolische Ausformung des Mutterarchetyps. Dieser ist wie alle Archetypen durchaus zwiespältiger Natur: Das Bergende, Nährende, Schützende gehört ebenso zu ihm wie das Festhaltende, Verschlingende, Zerstörerische. Wie auch immer die persönliche Mutter sich verhalten mag: Das Kind erfährt durch sie die hellen wie die dunklen Seiten des Mutterarchetyps. Dasselbe gilt natürlich für den Archetypus des Vaters: Zu seinem Umkreis gehören nicht nur Qualitäten wie Klarheit, Ordnung, Fürsorge, Planung, sondern ebenfalls Übermacht, Starrheit, Strafe, Vernichtung. Aber auch in Natursymbolen können Mutter- und Vaterarchetypus sich manifestieren. Zur Mutter tauchen die Symbole von Erde, Pflanzen,

Tieren, Nacht und Mond auf, während der Vaterarchetypus Symbole wie Himmel, Sonne, Berg, Fluß mit sich führt.

Das Bemerkenswerte an solchen Symbolreihen ist, daß sie überall und zu allen Zeiten im gleichen Kontext und in den gleichen Verknüpfungen erscheinen und daß sie eben dadurch den Anlaß zu immer gleichen archetypisch angeordneten Konflikten und Lösungsmöglichkeiten geben.

Ob in Mythen oder Märchen, in Romanen oder Filmen, in Traumserien heutiger Menschen oder in den Werken der Alchemisten: Überall manifestieren sich archetypische Strukturen als Basis der menschlichen Welterfahrung und als Rahmen der seelischen Entwicklungs- und Wandlungsmöglichkeiten.

Ein großer Teil des Jungschen Werkes besteht darin, das Wesen der Archetypen im allgemeinen und die Struktur einzelner Archetypen im besonderen zu erforschen. Kompliziert wird diese Forschung dadurch, daß die Archetypen untereinander in vielfältigen Beziehungen stehen und sich wechselseitig nicht nur beeinflussen, sondern auch bedingen. Hinzu kommt der schon erwähnte Umstand, daß der einzelne Archetypus in sich selbst so vielfältige Aspekte enthält, daß er dem ordnenden Verstand als ambivalent oder zumindest als polar strukturiert erscheint.

Das Studium der archetypischen Symbolsprache der Seele erfordert jedoch mehr als die Bemühungen des Verstandes und das Ansammeln von Kenntnissen: Es fordert vom Studierenden sowohl sein Denken als auch sein Fühlen, und es beansprucht seine Empfindung ebenso wie seine Intuition. In extravertierter Weise muß er das Material draußen suchen und ordnen, um es danach, in introvertierter Selbstbeobachtung, in sich selber wiederzuerkennen.

Nur so können aus den »Rechenpfennigen« der Jungschen Begriffe schließlich »Erfahrungssummen« des einzelnen werden, der dadurch aber nicht zum »Jungianer« wird, sondern der, indem er die Sprache der Seele erlernt, allmählich zu sich selber findet.

Persona und Schatten

Diese beiden Begriffe der Jungschen Psychologie, die glücklicherweise leichter zu erklären und zu verstehen sind als der Begriff »Archetypus«, hängen eng miteinander zusammen, weil sie auf eine gemeinsame Wurzel zurückgehen.

Im Rahmen der »Sozialisation« lernt der heranwachsende Mensch, daß er nicht alles ausleben darf, was in ihm angelegt ist. Erlaubt ist nicht einfach, was gefällt, sondern vor allem das, was sich ziemt. So sind wir genötigt, viele unerwünschte Eigenschaften zu unterdrücken oder zu verdrängen: Daraus entwickelt sich der »Schatten«. Gleichzeitig erkennen wir es als vorteilhaft, die angenehmen und erwünschten Seiten unseres Wesens bewußt zu fördern und sie den Mitmenschen auch erkennbar zu machen, ja ihnen sogar einige Züge hinzuzufügen, die nicht unbedingt zu unserem eigenen Bestand gehören, die aber offensichtlich von uns erwartet werden: So entwickelt sich allmählich unsere »Persona«.

Jung verwendet den Begriff »Persona« in seiner ursprünglichen Bedeutung: Diese bezeichnete die Maske des antiken Schauspielers, durch die seine Stimme hindurchtönte. Die Persona besteht also aus einer Summe von Verhaltensweisen, Eigenschaften, Ansichten und Reaktionsformen, die wir uns »angelegt« haben, die also gerade nicht unmittelbar Ausdruck unserer Persönlichkeit sind. Im Gegenteil: Hinter dieser »Seelenmaske« liegt unsere Individualität verborgen, wir können hinter dieser Fassade unser eigentliches Wesen verstecken.

Als Bestandteile der Persona wählen wir – mehr oder weniger unbewußt – solche Elemente aus dem Vorrat menschlicher Eigenschaften aus, die dem Idealbild entsprechen, das wir von uns selbst haben und das unsere Mitmenschen von uns erwarten. So ist die Persona »ein mehr oder weniger zufälliger oder willkürlicher Ausschnitt aus der Kollektivpsyche«,[20] »der aus Gründen der Anpassung oder der notwendigen Bequemlichkeit zustande gekommen [...] ist«.[21] Sie wird stark geprägt von der Rolle, die wir in der Gesellschaft spielen wollen oder müssen.

So einleuchtend es ist, daß jeder eine solche Persona entwickeln muß, weil es nicht angeht, ständig mit gleichsam nacktem Gesicht herumzulaufen, so offenkundig sind doch auch die Gefahren, die die Persona mit sich bringt.

Die Berufs-Persona beispielsweise, also jenes Erscheinungs- und Verhaltensmuster, das von den Vertretern gewisser Berufe in der Öffentlichkeit erwartet wird, kann den Lebensraum des betreffenden Menschen in einer quälenden Weise einengen, sofern er sich nicht – wie es in der jüngeren Generation allenthalben geschieht – energisch gegen die auf ihn gerichteten Personaprojektionen zur Wehr setzt.

Andererseits kann die Persona zum gefährlichen Selbstbetrug führen, nämlich dann, wenn ihr Träger sich mit ihr identifiziert. Bei der Berufs-Persona ist das ein bekannter Vorgang: »Sein Beruf war ihm alles...«, heißt es dann nach dem Ableben eines solchen Menschen, und es ist auch noch wahr. Der stets dozierende Professor, die unablässig bemutternde Kindergärtnerin, der ständig analysierende Psychiater: ihre »déformation professionelle« ist zu tragisch, als daß man sie belächeln sollte.

Hinter der Persona nämlich kann die Persönlichkeit so vollständig verschwinden, daß sie nicht nur für andere, sondern sogar für sich selbst unerreichbar wird. Hinter der Persona des aktiven, bestinformierten, sich stets voll einsetzenden und sich nie schonenden Arztes etwa kann dessen eigentliche Persönlichkeit dermaßen verkümmern, daß nicht nur seine Patienten ihn nur als medizinischen Funktionär erleben, sondern daß er am Ende sich selbst aus den Augen verliert.

Aber nicht nur Berufsbilder liefern persönlichkeitserstickende Masken. Auch familiäre Rollen können Schablonen für die Persona-Bildung hergeben: die gütige Mutter, der strenge Vater, die brave Tochter, der revoltierende Sohn. Der Psychotherapeut erhält nicht selten Einblicke in gespenstische Familienarrangements, in denen nicht Menschen, sondern Larven miteinander zu verkehren scheinen. Es sei aber nochmals betont, daß die Persona eine notwendige Außenschicht der Seele darstellt. Es kommt nur alles darauf an, sie nicht mit der ganzen Seele gleichzusetzen, sondern sich von ihr zu unterscheiden, das Gesicht unter der Maske bewußt zu halten. Dann kann die Persona sogar lebendiger Bestandteil des Wesens sein, der nicht der Täuschung, sondern dem Ausdruck dient.

Der Jungsche Begriff des »Schattens« berührt sich in vielem mit dem Konzept des (persönlichen) Unbewußten von Freud. Auch der Schatten bildet sich im Laufe des Lebens aus Verdrängungen, auch der Schatten wirkt vom Unbewußten her meistens störend auf das bewußte Leben ein. Allerdings erkennt Jung dem Schatten auch positive Qualitäten zu: So gehören etwa auch die »minderwertige Funktion« und die vernachlässigte Einstellung zum Schatten oder sogar ausgesprochen wertvolle Eigenschaften des Individuums, die mit Rücksicht auf die Persona nicht entwickelt werden konnten.

Mit dem bildhaften Terminus »Schatten« bringt Jung zum Ausdruck, daß das Verdrängte als eine abgekapselte »Teilpersönlichkeit« oder als »dunkler Bruder« ein Eigenleben führt, durch welches das bewußte Ich kompensiert wird.

Seinen Schatten vermag niemand loszuwerden, noch kann man ihn überspringen. Der Schatten äfft alles nach und kann die ursprüngliche Gestalt grotesk verzerren. Vor allem aber: Wo viel Licht ist, da ist auch viel Schatten.

Das ist eine beunruhigende Erfahrung, die wohl nicht nur der Psychotherapeut macht: Je heller, strahlender, tugendhafter ein Mensch nicht nur erscheint, sondern – in seinem bewußten Leben – auch wirklich ist, desto dunkler und abgründiger ist sein Schatten.

Fatalerweise aber vermag niemand seinen Schatten direkt zu erkennen. Er ist ja nicht etwa identisch mit den »schwachen Seiten«, die man an sich selbst wahrnimmt, noch mit den »Sünden«, die man zu beichten bereit ist, sondern er ist unbewußt. Er erscheint also, wie alles Unbewußte, nicht anders als in der Projektion. Das heißt: Für unser bewußtes Erkenntnisvermögen ist unser Schatten das, was uns an anderen Menschen zuwider ist. Wer also etwas von seinem Schatten erfahren will, braucht gar nicht erst zu versuchen, ihn in sich selbst dingfest zu machen, sondern er muß nur die Horde der ihm unsympathischen Menschen Revue passieren lassen – da hat man ihn!

Die Tatsache, daß wir unserem Schatten nur in der Projektion begegnen, erzeugt schwerwiegende Probleme. Sie führt nämlich nicht nur zu Haß und Verachtung für andere, sondern vor allem zur Arglosigkeit gegenüber uns selbst. Denn während der projizierte Schatten in Gestalt des Projektionsträgers verabscheut oder aktiv verfolgt wird, kann er im Unbewußten des Projizierenden prächtig gedeihen und eines Tages von hinten her den gänzlich Unvorbereiteten überfallen.

Wohl jeder kennt – bei sich oder bei anderen – diese rätselhaften, völlig unerwarteten Ausbrüche von Negativem, die das scheinbar vertraute Bild eines Menschen plötzlich verzerren oder gar zerstören. In ihnen zeigt sich die Autonomie des Schattens, der, wenn er stark genug geworden ist, die Kontrolle des Bewußtseins überrumpelt und seinerseits die Initiative des Handelns ergreifen kann.

In Zusammenhang mit der Problematik des Schattens wird besonders deutlich, was C. G. Jung unter »Rücknahme von Projektionen« versteht: Aus dem Rechenpfennig des Begriffes Schatten kann eine Erfahrungssumme werden, indem man versucht, die besonders unsympathischen Eigenschaften anderer Menschen als unbewußte Bestandteile seiner eigenen Seele anzusehen. Das kann, wenn man dabei sehr schonungslos mit sich umgeht, dazu führen, daß man Unangenehmes in sich selbst entdeckt, das man zuvor nur an anderen wahrnahm. Dann hat man ein Stück einer Schattenprojektion zurückgenommen und eine Erweiterung seiner bewußten Selbsterkenntnis erfahren. Dies ist, im Verständnis der Jungschen Psychologie, ein erster Schritt im Individuationsprozeß.

Der Individuationsprozeß

Jung selbst schlägt für diesen zentralen Begriff seiner Psychologie die Übersetzung »Selbstverwirklichung« vor.[22] Das ist nur richtig zu verstehen, wenn man zuvor den Jungschen Begriff des »Selbst« erläutert.

Das Selbst ist der zentrale Archetypus des kollektiven Unbewußten, der in sich alle denkbaren Gegensätze vereinigt. Aus ihm scheinen Dynamik und Struktur aller anderen Archetypen hervorzugehen, er ist die anordnende und bewirkende oberste Instanz der Seele. Wie alle anderen Archetypen stellt er sich dem Bewußten in Gestalt symbolischer Bilder vor Augen, und diese Bilder sind weder in ihrer Erscheinungsform noch in der von ihnen ausgehenden Wirkung von den Bildern jener Macht zu unterscheiden, die in den Religionen »Gott« genannt wird.

Durch die Konstatierung des Selbst als eines Archetypus, der sich als ein der menschlichen Seele inhärentes Gottesbild manifestiert, hat Jung sich von vielen Seiten den Vorwurf einer »Vergottung« der Seele zugezogen. Er betont jedoch ausdrücklich: »Dieses Selbst steht nie und nimmer an Stelle Gottes, sondern ist *vielleicht ein Gefäß für die göttliche Gnade.*«[23]

Wenn der Begriff »Individuationsprozeß« mit »Selbstverwirklichung« übersetzt wird, dann ist dabei mit »Selbst« nicht das individualistische »Ich-selbst«, sondern der Archetypus des Selbst gemeint. Individuation bedeutet also nicht eine egozentrische Pflege der Persönlichkeit, nicht eine elitär-rücksichtslose Stilisierung der Individualität, sondern, im Gegenteil, eine Erfahrung des Selbst, die im bewußten Ich gerade nicht das Zentrum der Persönlichkeit, sondern im Selbst eine übergeordnete, das Ich umfassende Ganzheit erkennt.

Einen solchen Individuationsprozeß zu fördern ist das Ziel Jungscher Psychotherapie. Womit natürlich nicht gemeint ist, daß sich dieser Prozeß nicht auch außerhalb einer solchen Psychotherapie spontan ergeben könnte. Das antike »Erkenne dich selbst« oder »Werde, der du bist«, die christliche »imitatio Christi« meinen – in einem jeweils anderen Kontext – im Grunde dasselbe. Jedes intensiv gelebte Leben, in dem das Individuum seine Eigenart zu entfalten sucht und zu gleicher Zeit für die Manifestation überindividueller oder »göttlicher« Kräfte offen ist, stellt einen Individuationsprozeß dar.

Die Jungsche Psychologie eröffnet jedoch die Möglichkeit, die archetypischen Strukturelemente dieses Prozesses zu erkennen und sie dadurch gezielt zu berücksichtigen. Die Unterscheidung der Persönlichkeit von der Persona und die Auseinandersetzung mit dem Schatten sind unerläßliche, oft erste Stationen dieses Prozesses. Die Erkenntnis, daß hinter den konkreten Gestalten von Mutter und Vater die durch sie hindurchwirkenden Archetypen stehen, die nicht nur außerhalb des Individuums, sondern auch in ihm selbst wirksam sind, ist meistens ein weiterer Schritt, der die symbolische Welterfahrung charakterisiert. Der Liebende kann erfahren, daß das Faszinierende der Geliebten nicht nur in ihr verkörpert ist, sondern daß sie zu gleicher Zeit ein weibliches Prinzip symbolisiert, das auch in seinem Unbewußten – als Archetypus der »Anima« – enthalten ist.

An dieser Stelle heißt es in der Jungschen Psychologie, daß es sich für die Frau spiegelbildlich verhalte, indem sie auf den Mann den »Animus« projiziere – was vermutlich, wie wir heute unter dem Eindruck des modernen Feminismus erkennen, eine zu starke Vereinfachung des historischen Verhältnisses zwischen den Geschlechtern darstellt.[24]

Der Individuationsprozeß bedeutet Bewußtwerdung in dem Sinne, daß der Mensch sich immer mehr einer Korrespondenz zwischen der äußeren und der inneren, archetypischen Welt bewußt wird, ohne daß dadurch die äußere Welt ihrer Bedeutung entkleidet würde.

»Individuation schließt die Welt nicht aus, sondern ein«,[25] heißt es lapidar bei Jung. Die Beziehung zur äußeren Welt – und vor allem zum Mitmenschen – bleibt die Bewährung des bewußten Ich; die Beziehung zum Unbewußten bleibt sein Ursprung.

Da aber der Vorrat des kollektiven Unbewußten keine endliche Größe zu sein scheint – »Es gibt so viele Archetypen, als es typische Situationen im Leben gibt«,[26] schreibt Jung –, ist auch ein Ende der Bewußtwerdung und damit ein Ans-Ziel-Kommen des Individuationsprozesses nicht vorstellbar.

Die allmähliche Vervollständigung des Individuums scheint aus einer nicht endenden Kette von Einsichten in Polaritäten zu bestehen. Anfänglich finden diese ihren Schnittpunkt im Ich: Außenwelt und Innenwelt, beides nehme ich wahr; Bewußtsein und Unbewußtsein, beides bedingt mich; Gutes und Böses, beides ist in mir; Männliches und Weibliches, an beiden habe ich Anteil; Geist und Trieb, beides bewegt mich – und so weiter. Schließlich aber kann eine Polarität erahnt werden, für die das Ich nicht länger Gefäß oder Beobachter ist, sondern in der es selbst zum Beziehungspunkt wird: Dann fühlt es sich mit all seiner Erkenntnis als subjektiver Pol einem Objektiven gegenüber, von dem es bedingt und abhängig ist und dessen Führung es sich überlassen muß.

Die Ausrichtung auf diese Erfahrung hin scheint der eigentliche Sinn des Individuationsprozesses zu sein. In Jungs Sprache nennen wir sie eine »Erfahrung des Archetypus des Selbst« und geben damit dem Unnennbaren einen provisorischen Namen. Aber nicht dieser Name zählt, sondern ausschließlich die mit ihm angedeutete Erfahrung. Und wenn wir – mit C. G. Jung – als Voraussetzung zu dieser Erfahrung einen in der Seele vorgeprägten Archetypus zu erkennen meinen, so maßen wir uns doch nicht an, psychologisch erklären zu können, was das Prägende sei, das diese Prägung bewirkt hat.

Wer bereit und in der Lage ist, den »Erlebnisprozeß« der Jungschen Psychologie nachzuvollziehen und deren Begrifflichkeit in individuelle Erfahrungssummen umzusetzen, der darf davon kein religiöses »Heil«, wohl aber eine »Heilung« im Sinne von Ganzwerdung erwarten. Allerdings nicht als einen je zu erreichenden Zustand, sondern als einen ständig sich erneuernden Prozeß der Wandlung.

Verena Kast:
Die Bedeutung der Symbole im therapeutischen Prozess

Symbole erleben wir in Träumen, in Phantasien, in Kunstwerken, in Faszinationen, im Alltag, in Märchen und Mythen, in Symptomen und so weiter. Wird ein Symbol bedeutsam für unser Leben, dann beginnen wir, unsere aktuelle Lebenssituation auf dieses Symbol hin zu beziehen und zu verstehen. Emotionen und Bedeutungen, die mit diesem Symbol verbunden sind, werden erlebt und erinnert. Leben im Zusammenhang mit diesem Symbol wird bedeutsam. Wir beginnen uns dafür zu interessieren, welche Bedeutung dieses Symbol in der Menschheitsgeschichte schon immer gehabt hat. Wir versuchen zu verstehen, welche Bedeutung für unser aktuelles Leben stimmig sein könnte.

Das Symbol meint einerseits unsere ganz aktuelle existentielle Situation und verweist auch gleichzeitig auf Hintergründiges, auf Zusammenhänge, die jeweils nicht besser als eben in diesem Symbol auszudrücken sind. Auch wenn wir meinen, ein Symbol zu verstehen, wenn wir mit ihm in Kontakt getreten sind, behält es doch immer noch einen »Bedeutungsüberschuß« in der jeweiligen Situation. Gerade dieser Bedeutungsüberschuß bewirkt, daß das Symbol Hoffnungen in uns erweckt, Erwartungen am Leben hält. Den Symbolen sind Erinnerung und Erwartung eigen.

Für den therapeutischen Prozeß sind Symbole Brennpunkte unserer menschlichen Entwicklung, Verdichtungskategorien: Lebensthemen, die einerseits unsere Schwierigkeiten ausmachen, aber auch unsere Lebensmöglichkeiten in sich bergen, unsere Entwicklungsmöglichkeiten abbilden. Zudem zeigen diese Symbole – und darauf hat Jung immer wieder hingewiesen –, daß unsere persönlichen Probleme meist typisch menschliche Probleme sind; Probleme, mit denen Menschen schon immer gerungen haben, was sich ja im Niederschlag der Dichtung, der Kunst, der Philosophie zeigt.

Ein Beispiel: Ein vierundvierzigjähriger Mann, sehr gefangen vom Prinzip »Bewältigung«, sehr erfolgreich in seinem Beruf, kommt in Therapie, weil er seine Beziehungen als unbefriedigend empfindet, sich selbst als verschlossen, wenig herzlich. Seine zweite Ehe ist eben gescheitert. Obwohl er, an äußeren Maßstäben gemessen, viel erreicht hat in seinem Leben, fragt er sich doch, »ob das denn nun alles sei«, ob er schon die Grenzen seines Lebens ausgeschritten habe.

Nach vierzehn Stunden Therapie bringt er den ersten Traum: »Ich bin in einem sterilen Gebäudekomplex der frühen siebziger Jahre. Alles ist sehr sauber, grau und steril. Ich suche eine bestimmte Wohnung, kann sie aber nicht finden. Als ich sie endlich finde, ist die Türe verschlossen. Ich habe das Gefühl, daß sich in der Wohnung etwas Wichtiges verbirgt...

Ein kleiner Bub kommt, er hält in der Hand eine tiefrote Blume. Er hält sie mit beiden Händen, sehr sorgsam. Er schaut die Blume an und geht einfach durch die Tür, vor der ich stehe. Ich bin äußerst verwundert, denke: Das darf doch nicht wahr sein! – Ich erwache.«

Sein Kommentar zu dem Traum, von dem er sichtlich beeindruckt war: »Das ist jetzt natürlich Traumbewußtsein. Dieses gilt nicht für das alltägliche Leben.« Nach dem Gefühl befragt, das der Traum ausgelöst habe, sagte er, er sei fasziniert von diesem Traum. Einmal davon, daß er überhaupt träume und auch einen Traum im Bewußtsein behalten könne, dann aber auch über diesen speziellen Traum. Er sei erstaunt und fasziniert. Als erstes sei ihm der Satz in den Sinn gekommen: »Blumen öffnen Türen.« Das wäre ganz wunderbar, wenn es so wäre und er die Blume hätte. Er sei auch fasziniert gewesen von der Konzentration des kleinen Buben. Wie der vor lauter Konzentriert-Sein auf die Blume diese fast zerdrückt hätte. Aber ganz gepackt sei er von der roten Blume, die müsse doch etwas bedeuten. Davon, daß er eigentlich in diese Wohnung hineingehen wollte, daß ihm da zunächst noch etwas verschlossen blieb, war nicht mehr die Rede. Der kleine Bub mit der roten Blume, vor allem aber die rote Blume waren die Traumsymbole, von denen der Träumer ganz gepackt war, die ihm plötzlich viel bedeuteten.

Ich fragte ihn, ob ihn der kleine Bub an jemanden erinnere. An seinen eigenen Buben, sagte er. Der sei ein Träumer, könne auch ganz konzentriert auf einen Aspekt des Lebens sein und alles andere vernachlässigen. Eigentlich beneide er seinen kleinen Sohn um diese Fähigkeit. Aber er schelte ihn oft deswegen, er müsse realistischer werden. Ob ihn der Bub auch an ihn selbst erinnere, als er ein Kind gewesen sei? Ja, er habe oft etwas getragen wie der Bub im Traum, einen Vogel, erinnere er sich, oder Erdbeeren. Die Erdbeeren habe er jeweils zerdrückt und die Kleider schmutzig gemacht, mit dem Vogel sei er in eine Fensterscheibe hineingelaufen, weil er so sehr achtgab, daß dem Vogel nichts passiere.

Wie er sich damals gefühlt habe? Er sei emotionell ganz bei einer Sache gewesen, ganz vertieft, diese eine Sache habe ihn ganz ausgefüllt. Heute würde er dieses Gefühl »Lebensgefühl der Dichte« nennen. Aber er sei dann auch immer gescholten und als Träumer beschimpft worden, mehr Realitätssinn sei gefordert worden. Und bitter fügte er hinzu: »Den habe ich jetzt im Laufe des Lebens genügend bewiesen.« Fast beiläufig wird ihm bewußt, daß er mit seinem Sohn so umgeht, wie man mit ihm als Kind umgegangen ist.

Es wird deutlich, daß das Traumsymbol eine Dimension der Erinnerung abdeckt. Nicht nur die Beziehung zu seinem Sohn kommt in ihrer Problematik ins Bewußtsein, sondern auch die Erinnerung an die eigene Kindheit, an dieses Kind, das ihn fasziniert, das er aber nicht mehr sein durfte, weil er sich so sehr der Realität anpassen mußte. Das Traumsymbol kann über diesen Zusammenhang mit der aktuellen Lebenssituation in Einklang gebracht werden.

Das Symbol hat aber auch eine Dimension der Erwartung: Indem das Kind im Traum auftritt, mit einer Blume eine Türe auf unkonventionelle Art und Weise öffnet, Gefühle im Träumer weckt, die mit diesem Kind verbunden sind, zeigt es sich, daß dieses Kind in der Seele noch vorhanden ist, samt der Gefühlsqualität, die es verkörpert. Auf die Assoziationen zur roten Blume befragt, sagte der Träumer, sie drücke Lebendigkeit, aber auch Heftigkeit, Intensität des Gefühls aus. Mit einer neuen Intensität des Gefühls könnten neue Räume betreten werden, können Durchgänge geschaffen werden. Der Träumer versteht, daß alle diese Lebensgefühle, die er mit dem Buben und mit der Blume verbindet, Gefühle sind, die in ihm einmal wach waren und die er jetzt wieder dringend braucht, um sich neue Lebensräume zu erschließen.

Und obwohl ihm noch viele Einfälle zu dieser roten Blume kamen, sie war in ihrer Bedeutung noch immer nicht ganz erfaßt. Ein Symbol ist ja geradezu dadurch gekennzeichnet, daß es in sich einen Bedeutungsüberschuß hat, daß man es in seiner Bedeutung eben nicht erschöpfen kann.

Das Bild packt ihn. Er erzählte Wochen, nachdem er den Traum geträumt hatte, er sehe jetzt viele rote Blumen. Es sei schwierig, die Blume zu finden, von der er geträumt habe. Er spürte auch deutlich den Unterschied zwischen einem »Zweckbautengefühl« und dem »Rote-Blume-Gefühl«.

Mit diesem Symbol verbindet sich ihm eine Hoffnung, eine Erwartung, ohne daß er sich bewußt anstrengt. Einmal versuchte er das Lebensgefühl, das er als kleiner Bub hatte, wieder zu spüren, dann aber erwartet er eine geheimnisvolle Lebenserfahrung, die in dieser roten Blume nun einmal so und nicht anders ausgedrückt ist, die sich aber entfalten wird, Gestalt annehmen wird.

Persönliche und kollektive Symbole

Symbole sind Bilder, die für uns eine emotionelle Bedeutung haben, sie sind bestmöglicher Ausdruck für eine emotionell bedeutsame Situation.[1] Im Symbol ist auch eine zukünftige Entwicklungslinie gekennzeichnet und erfaßt.[2]

Das Symbol offenbart etwas, es eröffnet uns aber auch etwas, nämlich neue Perspektiven des Erlebens und des Selbstverständnisses. Aber nur dann, wenn wir uns empathisch auf das Symbol einlassen, werden wir auch dieses Offenbarende, dieses Eröffnende erleben können. Bei diesem Sich-empathisch-auf-ein-Bild-Einlassen geht es darum, das Rationale, aber auch das Irrationale, das mit einem Symbol verbunden ist, das Erhabene und das Lächerliche, das Verstehbare und das Unverständliche zu erfassen.

Die Frage ist zudem auch immer, ob wir uns, wenn uns jemand an seinen Symbolen, an seinen Bildern Anteil nehmen läßt, auch betreffen lassen, ob wir unsere eigenen Bilder zu den Bildern aufsteigen lassen können. Das hängt nicht nur von unserer Bereitschaft ab, empathisch auf Symbole eines anderen Menschen einzugehen, sondern auch davon, ob die geschilderten Symbole mehr eine persönliche Bedeutung haben, also nur für den bedeutsam sind, der sie erlebt, oder ob sie über diese persönliche Bedeutung hinaus auch eine kollektive Bedeutung haben.

Jung unterscheidet Phantasien persönlichen Charakters, die auf persönliche Erlebnisse zurückgehen und aus der individuellen Anamnese weitgehend geklärt werden können, von Phantasien überpersönlichen Charakters. »Diese Phantasiebilder haben unzweifelhaft ihre nächsten Analoga in den mythologischen Typen, es ist darum anzunehmen, daß sie gewissen kollektiven Strukturelementen der menschlichen Seele überhaupt entsprechen.«[3]

Diese kollektiven Strukturelemente nennt Jung andernorts auch Archetypen. Er hält sie für die »a priori Determinanten der Imagination und des Verhaltens«.[4] Archetypen werden von ihm als anthropologische Konstanten des Erlebens, Abbildens, Verarbeitens und Verhaltens gesehen. Wenn dem so ist, muß es möglich sein, jedes Symbol letztlich auf ein archetypisches Bild zurückzuführen. Das heißt, daß Bilder, die für uns ganz persönlich bedeutsam sind, auch mit Strukturelementen angereichert, die nur aus unserer persönlichen Lebensgeschichte heraus verstehbar sind, dennoch in ihrer Grundstruktur mit Bildern übereinstimmen und damit auch mit Emotionen und Sinnfindungsprozessen, die irgendwann und irgendwo in der Geschichte der Menschheit gekannt, thematisiert und dargestellt worden sind. Dies entspricht der Idee, daß wir Menschen eben typisch menschliche Schwierigkeiten, typisch menschliche Bilder, Erlebnismöglichkeiten, Verhaltensweisen kennen, die allerdings auch von der je eigenen, individuellen Erlebens- und Verhaltensweise überlagert sind. Anders ausgedrückt heißt das, daß wir durchaus aus der Geschichte auch etwas für unsere aktuellen Probleme lernen könnten.

Betrachten wir die Fragestellung nach dem individuell beziehungsweise kollektiv bedeutsamen Symbol im Spiegel des geschilderten Traums, dann ist zu überlegen: Geht es in diesem Traum mehr um persönliche Symbole, die vor allem für den Träumer bedeutsam sind, oder geht es auch um kollektive Symbole, um Symbole also, die alle Menschen betreffen können? Allerdings ist dazu anzumerken, daß wir nicht jederzeit durch alle möglichen Symbole ansprechbar sind. Wir sind immer von einigen Symbolen mehr ansprechbar, von anderen weniger. Das hat mit unserem eigenen Entwicklungsprozeß und der damit verbundenen Problem- und Interessenkonstellation in unserer Psyche zu tun.

Grundsätzlich sind in diesem Traum verschiedene Symbole kollektiver Art dargestellt. Da ist einmal das Motiv der Suche nach dem Verborgenen, vielleicht das Motiv des Suchens überhaupt – ein Motiv, das den Menschen als Menschen geradezu kennzeichnet: der Mensch als Suchender.

Auch das Motiv der verschlossenen Türen ist ein Symbol, das uns alle betreffen kann: Wie oft fühlen wir uns in vielfältiger Weise vor verschlossenen Türen, wissen nicht, wie sie zu öffnen sind. Die weite Thematik des Öffnens und Sich-Verschließens, des Offenseins und des Verschlossenseins ist angesprochen.

Dann begegnen wir weiter in diesem Traum dem Symbol der wunderbaren Wandlung, dem Ausdruck für die Möglichkeit, daß Leben sich schöpferisch verändern kann – wenn auch diese Wandlungen uns oft als unglaublich erscheinen. Diese schöpferische Wandlung ereignet sich im Zusammenhang mit dem Kind und der roten Blume. Auch das Kind ist nicht einfach ein Kind, sondern ein Symbol, das uns den immer wieder möglichen – auch immer bedrohten – Neuanfang allen Lebens und die damit verheißene Entwicklung ins Gefühl zurückbringt. Das Kind läßt uns nicht nur an unsere Kinder denken und an das Kind, das wir einmal gewesen sind, sondern auch daran, daß alles Leben immer wieder die Kindform kennt. Das Symbol lockt jene Gefühle aus uns heraus, die Kinder in uns auslösen können und die wir und sie brauchen, um auch mit dem, was kindlich ist und was kindlich geblieben ist in unserer Seele, umzugehen.

Auch die rote Blume hat bestimmt nicht nur eine Bedeutung für diesen einen Träumer, auch wenn sie ihn ganz zu faszinieren vermag.

Die Wirkung dieses Traumes auf den Träumer, die Wirkung dieser verschiedenen Symbole, die sich im Traum darstellten, und das Eingehen auf diese Symbole bewirkten, daß der Träumer von Hoffnung auf eine mögliche Entwicklung erfaßt wurde, daß er aber auch neu sich selbst zu begreifen lernte in seiner so überaus trockenen realen Art. Ein neues Selbstverständnis wurde zudem durch den Traum initiiert. Er fand da einen verloren geglaubten Zug seiner Persönlichkeit dargestellt, zwar noch sehr bubenhaft, aber auch sehr besonders. Es wäre verkürzt, würde man diese Symbole nur im Aspekt der Wiedererinnerung deuten: Weil der träumerische Junge gescholten wurde, wurde er so betont rational, verlor aber auch dieses dichte Lebensgefühl der Konzentration einerseits und des Ausblenden-Könnens andererseits. Diese Deutung gilt selbstverständlich und trägt auch wesentlich zum Selbstverständnis bei. Sie wäre aber einseitig, würden wir den finalen Aspekt nicht auch mitbedenken in der Frage: Was wird der Bub mit der roten Blume für diesen Menschen bedeuten, was werden die beiden ihm eröffnen?

Das Symbol als Träger der schöpferischen Entwicklung

Eine Grundannahme Jungscher Psychologie ist, daß der Psyche eine Tendenz innewohnt, sich zu entwickeln, in Bewegung zu sein, wobei sie ein selbstregulierendes System ist. Das bedeutet, daß immer ein relativ ausgewogener Zustand von Unbewußtem und Bewußtsein angestrebt wird und die Psyche diese Zustände korrigiert, sobald sie einseitig werden, notfalls auch durch eine Neurose.

Auf dem Entwicklungsgedanken basiert denn auch das Therapieziel einer Jungschen Therapie: »Die Wirkung, auf die ich hinziele, ist die Hervorbringung eines seelischen Zustandes, in welchem mein Patient anfängt, mit seinem Wesen zu experimentieren, wo nichts mehr für immer gegeben und hoffnungslos versteinert ist, eines Zustandes der Flüssigkeit, der Veränderung und des Werdens.«[5]

Diese schöpferische Entwicklung wird im Symbol sichtbar und auch über das Symbol ans Bewußtsein herangetragen und bearbeitet. Im Aufsatz ›Die transzendente Funktion‹ von 1916 schreibt Jung eingehend über Symbolisierung.[6] Sowohl der Traum als auch die aufsteigenden Phantasien werden in diesem Aufsatz als Symbole bezeichnet. Jung beschreibt da, wie Unbewußtes und Bewußtsein in einem Symbol, das ein Drittes ist und über die gegensätzlichen Positionen hinausweist, »transzendiert« werden. Von da der Name »transzendente Funktion«, wobei transzendent hier nicht von vornherein religiöse Bedeutung hat. Energetisch denkt sich Jung den Vorgang so, daß, wenn zwei Gegensätze aufeinanderprallen, also Bewußtsein und Unbewußtes verschiedene Intentionen haben, die psychische Dynamik vorübergehend zum Stillstand kommt, indem die psychische Energie regrediert und im Unbewußten das Dritte konstelliert, das die beiden gegensätzlichen Positionen in sich hat und aber auch darüber hinausweist. Dabei ist es wesentlich, daß das Unbewußte sich ausdrücken darf und daß das Ich, das von Jung als »kontinuierliches Zentrum des Bewußtseins«[7] bezeichnet wird, sich mit den Äußerungen des Unbewußten auseinandersetzt. Es geht um Wahrnehmen des Unbewußten, Gestalten und Verstehen. Und es geht um die Frage nach dem Sinn.

Jung beschreibt den Prozeß der Symbolbildung 1916 so, wie heute das Prinzip der schöpferischen Prozesse beschrieben wird.[8] Insbesondere entspricht das Prinzip der Symbolbildung von Jung der Phase der Inkubation im kreativen Prozeß, während der die psychische Energie vom Bewußtsein abgezogen das Unbewußte belebt. Im bewußten Erleben herrschen das Gefühl der Unzulänglichkeit, der Frustration vor, während der schöpferische Mensch dennoch das Gefühl hat, daß sich in ihm etwas tut. Was sich da tut, wird in der nächsten Phase, der Phase der Einsicht, sichtbar und erlebbar, als Idee, als Symbol, als Idee zu einer möglichen Gestaltung. Der Zusammenhang der Symbolbildung mit dem schöpferischen Prozeß dürfte auch Jung bekannt gewesen sein, sagt er denn doch auch von diesem »Dritten«, daß das Symbol, das entstehe, eine »lebendige Geburt« sei.[9]

Watzlawick bringt seine »Lösungen zweiter Ordnung« direkt mit der transzendenten Funktion bei Jung in Beziehung: Bei diesen Lösungen zweiter Ordnung geht es darum, daß Gegensätze nicht verstärkt werden durch noch mehr Gegensatz – was bekanntlich nur zu einer Aufstockung des Gegensätzlichen führt, nicht aber zu einer Lösung –, sondern daß eine Position gefunden wird außerhalb dieser Gegensätze.

Als Beispiel für eine Lösung zweiter Ordnung könnte ein Traumanfang dienen, wie ihn Ingeborg Bachmann in ihrem Buch ›Malina‹ beschreibt: Da tritt der Vater auf und trägt in der gespannten Situation mit seiner Tochter absichtlich einen Pyjama, den sie ihm geschenkt hat. Sie möchte ihm den Pyjama herunterreißen vor Wut. »Aber plötzlich fällt mir etwas ein, und ich sage beiläufig: Ach, nur du bist es! Ich fange zu tanzen an, ich tanze einen Walzer ganz allein, und mein Vater sieht mir etwas überrascht zu ...«.[10]

Die Idee, tanzen zu können, statt etwas herunterzureißen oder nicht herunterzureißen, ist die Lösung zweiter Ordnung. Solche Lösungen zweiter Ordnung, die nicht nur in Träumen vorkommen, sondern die man nach Watzlawick auch suchen kann, etwa indem man sich nicht verzehrt zwischen zwei Wahlobjekten, sondern einfach das Wählen einmal aufgibt, entsprechen nach Watzlawick dem Prinzip der »transzendenten Funktion« von C. G. Jung.[11]

Solche Lösungen zweiter Ordnung hält Watzlawick für ein spontanes Phänomen: »Und doch besteht kein Zweifel darüber, daß spontane Veränderungen zweiter Ordnung nicht nur nicht unmöglich, sondern alltäglich sind. Wir alle können neue, zweckmäßige Lösungen in den verschiedensten Lebenslagen finden; Gesellschaftssysteme sind durchaus der Selbstregulierung und die Natur immer neuer Anpassungen fähig, und wissenschaftliche Entdeckungen wie künstlerisches Schaffen beruhen gerade auf dieser Art von Sprung aus einem bisherigen in einen neuen Bezugsrahmen.«[12] Diese schöpferischen Sprünge aber ereignen sich in der Entstehung eines Symbols.

Die Symbolbildung entspricht dem schöpferischen Prozeß, und beide sind trotz aller Umschreibungsversuche, trotz aller Forschungen auch geheimnisvoll, nie ganz genau beschreibbar. Weil der Symbolbildungsprozeß dem schöpferischen Prozeß entspricht, ist er von fundamentaler Wichtigkeit im therapeutischen Prozeß. Der therapeutische Prozeß, verstanden als Individuationsprozeß, besteht im wesentlichen darin, daß das Unbewußte und das Bewußtsein im Bereich der jeweils belebten Inhalte einander verbunden werden im Symbol. Durch diese Symbolbildungen wird die schöpferische Entwicklung der Persönlichkeit möglich: Ein Mensch wird in lauter kleinen Schöpfungsakten immer mehr er selbst, Lebensmöglichkeiten werden lebbar, die wirklich seine je eigene Persönlichkeit ausmachen.

Die Regulierungen in der Psyche als einem selbstregulierenden System[13] werden über die Symbole und die Symbolbildungen ans Bewußtsein herangetragen. Es wäre aber falsch, bei diesen Prozessen nur immer den Moment der Geburt des Symbols im Auge zu haben. Der Vergleich mit dem schöpferischen Prozeß legt nahe, daß das Wesentliche des Prozesses zwar im Aufleuchten der neuen Idee zu sehen ist und damit auch im Erleben eines neuen Lebensgefühls, daß dem aber ein langer Prozeß des Aushaltens von Unsicherheit, von Frustration, aber auch der harten, bewußten Auseinandersetzung mit dem Forschungs- oder dem Gestaltungsgegenstand vorausgeht. Übertragen auf psychische Prozesse bedeutet das, daß die Gegensätze zwischen dem Bewußten und dem Unbewußten oft qualvoll lange ertragen, gesehen, ausgehalten werden müssen, bis sich ein neues Symbol und damit auch ein neuer Lebensinhalt einstellt. Dennoch: Es gibt diese Symbolbildungen, und sie wirken, wenn wir sie aufnehmen können, sei es als Traum, als Phantasie oder als Faszination in der Projektion, wie »schöpferische Sprünge« in unserem Leben.

Symbole als Abbilder der Komplexe

Symbole sind Brennpunkte menschlicher Entwicklung. In ihnen verdichten sich existentielle Themen, in ihnen sind aber nicht nur Entwicklungsthemen, sondern damit verbunden immer auch Hemmungsthemen angesprochen. Das wird uns dann deutlich, wenn wir uns die Themen des eingangs geschilderten Traums noch einmal vergegenwärtigen. Da ist das Thema der verschlossenen Türen, die aufhören, verschlossen zu sein. Das Kind mit der roten Blume wird in der Bedeutung seiner Lebendigkeit gesteigert angesichts dieser grauen Leblosigkeit.

Daß im Symbol immer ein Hemmungsthema, das zugleich ein Entwicklungsthema ist, angesprochen wird, wird dann deutlich, wenn wir bedenken, daß Symbole »Komplexe« abbilden. Jung sagt von den Komplexen, sie würden eine eigentümliche Phantasietätigkeit entwickeln; im Schlaf erscheine die Phantasie als Traum, aber auch im Wachen würden wir unter der Bewußtseinsschwelle weiterträumen, wegen der »verdrängten oder sonstwie unbewußten Komplexe«.[14]

Wir erinnern uns daran, daß Jung schon 1916 auf die gefühlsbetonten Inhalte hingewiesen hat, die Ausgangspunkt von Imaginationen (Phantasiebildungen, Bilderfolgen), Ausgangspunkt zur Symbolbildung sind. Komplexe sind Energiezentren, die um einen affektbetonten Bedeutungskern aufgebaut wurden, hervorgerufen vermutlich durch schmerzhafte Zusammenstösse des Individuums mit Anforderungen oder Ereignissen in der Umwelt, denen es nicht gewachsen ist. Jedes Ereignis in ähnlicher Richtung wird dann im Sinne dieses Komplexes gedeutet und verstärkt den Komplex noch: Der Gefühlston, die Emotion, die diesen Komplex ausdrücken, bleiben erhalten und werden sogar noch verstärkt.[15] So bezeichnen die Komplexe die krisenanfälligen Stellen im Individuum. Als Energiezentren haben sie aber eine gewisse Aktivität – ausgedrückt in der Emotion –, die zu einem großen Teil das psychische Leben ausmacht.

Sicher liegt im Komplex vieles, was das Individuum in seiner persönlichen Weiterentwicklung hindert, in diesen Komplexen liegen aber auch die Keime neuer Lebensmöglichkeiten.[16] Diese schöpferischen Keime zeigen sich dann, wenn wir die Komplexe akzeptieren, wenn wir sie sich ausphantasieren lassen. Wir alle haben Komplexe, sie sind Ausdruck von Lebensthemen, die auch Lebensprobleme sind. Sie machen unsere psychische Disposition aus, aus der keiner herausspringen kann. So wären also die Symbole Ausdruck der Komplexe, gleichzeitig aber auch Verarbeitungsstätte der Komplexe. Komplexe sind ja an sich nicht sichtbar. Sichtbar und fühlbar ist die Emotion, die ihnen eignet; sichtbar sind auch die stereotypen Verhaltensweisen im Komplexbereich. In den Symbolen werden die Komplexe sichtbar durch die Phantasie, denn wo Emotionen sind, sind auch Bilder.

Zu den »Phantasien« schreibt Jung 1940 in ›Zur Psychologie des Kinderarchetypus‹: »Der moderne Psychologe behandelt die Produkte unbewußter Phantasietätigkeit als Selbstdarstellungen von Vorgängen im Unbewußten oder als Aussagen der unbewußten Psyche über sich selbst.« Jung geht so weit zu sagen, die Phantasien seien die natürlichen Lebensäußerungen des Unbewußten.[17] Das steht nicht im Gegensatz zu all dem, was bisher gesagt worden ist, insbesondere auch nicht zur Idee, daß der Komplex diese Phantasietätigkeit bewirke. Denn für Jung bieten ja die Komplexe eine Phänomenologie des Psychischen.

Jung unterscheidet zwischen persönlichen und kollektiven Komplexen. Während persönliche Komplexe die persönliche Eigenart, die persönlichen Gesichtspunkte und die persönliche Weltanschauung kreieren, gehen von den kollektiven Komplexen Philosophien, Religionen, kollektive Weltanschauungen aus. Sie begründen auch Geschichte. Man sieht da die Nähe zum Archetypus. Der Unterschied besteht darin, daß ein Archetypus bestehen kann, ohne in Beziehung zu einem bewußten Symbol zu stehen – als Möglichkeit. Der Komplex hat immer eine Beziehung zum Bewußtsein, steht mit diesem in Auseinandersetzung, ist also »konstelliert«, wie wir das nennen, und besteht aus archetypischem und persönlichem Material.

Diese »natürlichen Lebensäußerungen«, diese Phantasien, weisen auf ein noch nicht erreichtes Ziel hin. Auch dies ist eine Idee, die von Anfang an mitgeschwungen hat im Begriff des »Symbols« und die Jung auch in seinem letzten Buch ›Mysterium Conjunctionis‹ (1954)[18] wieder und immer wieder aufgreift. Meines Erachtens ist dieses Hinweisen auf Unbekanntes, auf noch nicht Gewußtes, Ausdruck dafür, daß psychisches Leben die Tendenz hat, sich schöpferisch zu entwickeln, wenn man diese Prozesse nicht hemmt. Diese Prozesse machen wir uns in der Therapie zunutze oder versuchen zumindest, sie uns zunutze zu machen.

Fassen wir zusammen, was Jung im Laufe der Zeit zum Symbol gesagt hat, dann ergibt sich etwa folgendes: Traumbilder und spontane Phantasiebilder sind Symbole, die als natürliche Lebensäußerungen des Unbewußten immer dort sich bilden, wo Emotion mit im Spiel ist. So drückt ein Symbol eine unbewußte Projektion aus. Das ergibt die zweifache Bedeutung des Symbols: die diagnostische und die therapeutische. Einerseits ist das Symbol diagnostisch eine Aussage über konstellierte Komplexe, der zugehörigen Emotion und der daraus resultierenden Erlebnis- und Verhaltensweisen; andererseits, da im Symbol auch immer eine Tendenz nach vorwärts besteht, nach Entwicklung – ausgedrückt nach Jung in der Komponente, daß im Symbol immer etwas noch nicht Gewußtes enthalten ist, da es sonst gar kein Symbol wäre –, wird am Symbol die Tendenz der Psyche sichtbar, aus dieser Komplexkonstellation heraus sich zu entwickeln. Dabei hilft die Energie, die im Komplex gebunden ist, eben diese Komplexkonstellation zu überwachsen, wenn es gelingt, den Komplex ans Bewußtsein anzuschließen. Neben dem diagnostischen Aspekt finden wir in den Bildern also auch einen therapeutischen Aspekt, das heißt, das Selbstbild und das Weltbild verändern sich, wenn wir die Bilder aufnehmen können, wir spüren Hoffnung, »archetypisch eingekapselte Hoffnung« (Bloch). Im Symbol werden ja die Gegensätze Bewußtsein und Unbewußtes immer wieder überwachsen in einem Dritten, das die Gegensätze auf einer anderen Ebene übergreift. Das ist das Prinzip des Schöpferischen.

Das Symbolverständnis bei Jung ist also ganz und gar von der Vorstellung getragen, daß der Psyche ein Drang innewohnt, sich zu entwickeln. Krank werden wir dann, wenn wir diesen Drang nicht mehr aufnehmen können. Weiterhin ist es im Zusammenhang mit diesem Entwicklungsgedanken davon bestimmt, daß alles Leben eine verborgene Zielgerichtetheit hat. Aber nicht nur Symbole an sich verweisen uns auf diesen Sinn, wir können auch in einer »symbolisierenden Einstellung« leben.

Wenn wir an einem Fluß stehen, dann können wir beeindruckt sein von seiner Breite, von den Wassermassen, die in Schnelligkeit vorbeiziehen, wir können uns Gedanken machen über den Sauberkeitsgrad des Wassers und noch vieles mehr. Wir können aber auch angesichts des Fließens an das Leben denken, das verfließt, an die Zeit, die verfließt, überhaupt daran, daß jeder Moment des Lebens ein anderer ist, daß wir wirklich nicht »zweimal in denselben Fluß steigen« können (Heraklit). Das Fließen des Flusses kann in Verbindung gebracht werden mit dem Fließen der Zeit, aber auch mit dem Fließen der Energie in unserer Seele. Fühlen wir uns ebensosehr in Fluß, wie es der Fluß ist? Oder spüren wir gar bedrückend einen Stillstand angesichts des Fließens? Solche Überlegungen drücken aus, daß wir in einer symbolisierenden Haltung sind. Der Fluß wird zum Symbol für existentielle Fragen, letztlich zum Symbol für ganz große Lebenszusammenhänge.

In der Jungschen Psychologie nehmen wir nicht nur sorgfältig alle Symbole wahr und gehen mit ihnen therapeutisch um, wir sehen zugleich die Alltagswirklichkeit immer *auch* in ihrem symbolischen Verweisungszusammenhang. Wir sind damit einem Menschenbild verpflichtet, das den Menschen in einem »umfassenden Sinnzusammenhang« sieht, in schöpferischer

Wandlung stehend, der fehlende Wandlung als bedrückend erlebt, zudem einem Selbstverständnis verpflichtet, für das alles Geschehen noch eine Dimension über das Offensichtliche hinaus hat und deshalb geheimnisvoll bleibt.

Der therapeutische Umgang mit Symbolen

Beim therapeutischen Umgang mit dem Symbol geht es zunächst einmal darum, sich vom Symbol gefühlsmäßig betreffen zu lassen, die emotionelle Wirkung der Symbole auf uns zu erleben, ihre emotionelle Bedeutsamkeit und damit auch die Veränderung unserer Lebenssituation im Zusammenhang mit ihnen zu erfahren. Sehr oft wird diese Haltung zunächst vom Analytiker an den Analysanden herangetragen.

Zum anderen ist es wichtig, die verschiedenen Dimensionen des Symbols zu fassen, den Erinnerungs- und den Entwicklungsanreiz darin aufzunehmen. Dies geschieht, indem wir die Symbole in einen Bedeutungshorizont hineinstellen, der sowohl das persönliche Erleben und die persönliche Problematik als auch die Ebene der überpersönlichen Probleme erfaßt.

Wir deuten Träume, symbolische Prozesse, versuchen, sie in Beziehung zu bringen zu der aktuellen Situation dessen, der uns die Symbole bringt, und wir versuchen, die Botschaft, die in diesem Symbol enthalten ist, zu verstehen, damit aber eine neue Perspektive dem Erleben und Denken des Analysanden hinzuzufügen. Diese Botschaft richtet sich – innerhalb einer Therapie – sowohl an den Therapeuten als auch an den Analysanden. Für den Therapeuten bringt eigentlich jedes Symbol einen Aspekt der Diagnose, der Prozeßdiagnose in dem Sinne, daß sie uns sagt, wie sich der Analysand verändert hat, welche Probleme anstehen und auch in welche Richtung die Entwicklung etwa tendiert. Für den Analysanden ist ein Symbol ein Bild mit einem sehr hohen subjektiven Bedeutungsgehalt, insofern auch hochemotional, begleitet vom Gefühl, es tut sich etwas, in mir ist etwas Bedeutsames. Inhaltlich wird das, was sich tut, im Schritt der Deutung gemeinsam von Analysand und Therapeut erarbeitet.

Wie gehen wir dabei vor? Wir lassen das Symbol in irgendeiner Form festhalten, sei dies nun in Worten oder in Bildern, also gemalt, modelliert oder dargestellt. Dies aus der Überzeugung heraus, daß die Wirklichkeit und die Wirkung des Symbols durch Gestaltung noch evidenter wird. Die persönliche bewußte Situation eines Analysanden wird abgeklärt, um den Faktor der Kompensation im symbolischen Bild erfassen zu können. Dann sammeln wir die persönlichen Assoziationen des Analysanden zum Symbol. Dabei ist es wesentlich, daß zum Bild selber und auch vom emotionalen Gehalt des Bildes aus assoziiert wird.

Kann ein Symbol aber nicht aus dem persönlichen Kontext heraus verstanden oder kann zu einem Bild überhaupt keine Assoziation beigebracht werden, dann versuchen wir, ähnliche Motive aus Märchen, Mythologie, Dichtung, Religionsgeschichte heranzuziehen und diese auf ihren Bedeutungsgehalt und ihre psychische Entsprechung zu befragen. Es ist eine Grundhypothese der Jungschen Psychologie, daß an Märchenmotiven, an mythologischen Motiven und so weiter Struktur und Dynamik der Psyche sichtbar werden.

Die Amplifikation durch Märchenbilder

Mir scheinen sich in diesem Zusammenhang am ehesten die Märchen zum Vergleich mit dem persönlichen Material zu eignen.[19] Wir stellen ja immer wieder eine sehr große Ähnlichkeit unserer Traum- und Imaginationsbilder mit den Märchenbildern fest. Außerdem weiß man bei Märchen recht gut, aus welcher Zeit sie ungefähr stammen, aus welchen Regionen etwa. Bei der Amplifikation – beim Hineinstellen eines persönlichen Bildes in den größeren Zusammenhang eines Motivs aus Mythos oder Märchen – scheint mir vor allem wichtig zu sein, daß man die Dynamik innerhalb dieser relativ feststehenden Symbole beachtet, um den symbolischen *Prozeß* verstehen zu können.

Als Beispiel möchte ich noch einmal den eingangs erwähnten Traum und seine Bearbeitung beiziehen. Daß eine rote Blume eine Türe öffnet, aufspringen läßt, ist ein Motiv, das wir aus dem von den Brüdern Grimm aufgezeichneten Märchen ›Jorinde und Joringel‹ kennen.[20]

Jorinde und Joringel (Zusammenfassung)

In einem alten Schloß mitten in einem dicken Wald wohnt eine alte Frau, eine Erzzauberin. Am Tag macht sie sich zur Katze oder Nachteule, nachts ist sie ein Mensch. Wer sich ihrem Schloß auf weniger als hundert Schritte nähert, kann sich nicht mehr von der Stelle bewegen, bis ihn die Zauberin freispricht. Kommt eine Jungfrau in diesen Bereich, dann verwandelt sie sie in einen Vogel, sperrt diesen in einen Korb und trägt den Korb in eine Kammer ihres Schlosses. Die Erzzauberin hatte schon eintausend Vögel.

Jorinde und Joringel waren in den Brauttagen und hatten großes Vergnügen aneinander. Um vertraut miteinander reden zu können, gingen sie in den Wald spazieren. Und da ward ihnen – bei Sonnenuntergang – auf einmal wehmütig ums Herz und plötzlich sahen sie, daß sie bei der Schloßmauer waren. Und ehe sich Joringel versah, war Jorinde in eine Nachtigall verwandelt, und eine krumme Frau trug sie fort. Joringel aber stand da wie ein Stein, konnte sich nicht regen. Endlich kam die Frau wieder und erlöste Joringel mit einem Zauberspruch. Er bat, sie möge ihm seine Jorinde wiedergeben, sie aber sagte, er solle sie nie, nie mehr haben ...

Er rief, er weinte, er jammerte: Was soll aus mir werden ...? Keine Antwort, keine Hilfe! Joringel ging in ein fremdes Dorf und hütete Schafe, oft aber ging er um das Schloß herum, aber nie zu nahe.

Endlich träumte er, er fände eine blutrote Blume, in deren Mitte eine schöne große Perle war. Die Blume brach er und ging damit zum Schloß: Alles, was er mit der Blume berührte, wurde von der Zauberei frei. Er träumte auch, er hätte dadurch seine Jorinde wiederbekommen.

Er begann in Berg und Tal nach dieser Blume zu suchen, und nach neun Tagen fand er am Morgen früh eine rote Blume, in deren Mitte war ein großer Tautropfen, so groß wie die schönste Perle. Diese Blume trug er zum Schloß, und obwohl er dem Schloß ganz nahe kam, wurde er damit nicht fest, nicht versteinert, sondern die Pforte öffnete sich, und er ging hinein ins Schloß, in den Saal, wo die Zauberin die Vögel fütterte. Die spie Gift und Galle, als sie Joringel sah, aber sie konnte sich ihm nicht nähern. Wie aber sollte er Jorinde unter den vielen Vögeln finden? Da sah er, daß die Alte heimlich mit einem Körbchen verschwinden wollte; er sprang herzu, berührte das Körbchen mit der Blume und auch das alte Weib. Jetzt konnte sie nichts mehr zaubern – und Jorinde stand da und faßte ihn um den Hals. Er machte alle anderen Vögel auch wieder zu Jungfrauen, ging mit Jorinde nach Hause, und die beiden lebten lange und vergnügt miteinander.

Im Märchen haben wir eine blutrote Blume mit einer Perle oder einem Tautropfen im Gegensatz zum Traum, wo wir die Blume allein haben. Auch ist es nicht ein kleiner Bub, der sie trägt, sondern ein Mann, der schon viel Leiden auf sich genommen hat, um diese Blume zu finden. Hier wird sichtbar, daß das Symbol, das wir träumen, zwar unser ganz persönliches Symbol ist, andererseits aber auch auf eine Struktur kollektiver Art und auf die damit verbundenen dynamischen Prozesse zurückgeführt werden kann.

Im therapeutischen Prozeß brachte ich dieses Märchen ein, nachdem der Träumer wochenlang immer wieder fasziniert von der roten Blume gesprochen hatte, sie gemalt hatte, Bilder beibrachte, in denen sie eine Rolle spielte. Die anhaltende Faszination zeigte, daß das Symbol in seinem Bedeutungsgehalt noch keineswegs, weder kognitiv noch emotionell, erschöpfend behandelt war. Da gab ich ihm diese Amplifikation durch das Märchenbild zu bedenken. Wir deuten den Teil des Märchens, der mit seinem Traumbild korrespondiert, etwa wie folgt:

Joringel umkreiste sein Problem, ging um das Schloß herum, schaute es dabei von allen Seiten an, war bemüht, seine Kräfte zu sammeln, und dann träumt er den Traum, der die Lösung des Problems nahelegt. Das könnte die Beschreibung einer Sequenz eines therapeutischen Prozesses sein. Das Traumbild legt Wert auf das Zentrum der Blume, auf die Mitte, die Bewegung des Zentrierens, der Konzentration ist also wichtig.

Im Blutrot der roten Blume steckt das Blut, steckt die Leidenschaft und das Leiden, die ganze Körperlichkeit und damit natürlich auch die Sexualität, Tod und Vergänglichkeit. Die Blume steht oft für unsere Gefühle, für Eros, die rote Blume für das leidenschaftliche Gefühl der Liebe, das körperliche Gefühl auch. Blumen verwelken aber auch. Diese vergängliche rote

Blume trägt eine weiße Perle. Die Perle gilt bei uns als große Kostbarkeit, als etwas Vollendetes; bei den Mystikern ist sie das Symbol für die Erleuchtung, das Symbol für den Prozeß, der den Menschen eine Einheit zwischen dem Göttlichen und dem Menschlichen finden läßt. Die Perle wächst konzentrisch, sie ist somit, wenn also Symbol für Erleuchtung, dann für eine solche, die ganz langsam gewachsen ist.

In der Verbindung der blutroten Blume mit der weißen Perle sehe ich die geglückte Verbindung von körperlicher und mystischer Liebe, von Sexualität und Eros, von Vergänglichkeit und Ewigkeit, von Körper und Seele. Die Perle aber ist eingebettet in der blutroten Blume, die blutrote Blume trägt sie. Joringel muß diesen Zusammenhang für sich sehen und erleben, erst dann kann er seine Jorinde wieder finden, erst dann kann eine Liebesbeziehung zu einer Frau wirklich gelebt werden. Daß er dann, als er sich auf die Suche macht, die Blume auch findet, sie haben darf und im Tautropfen die Perle erkennt, zeigt, daß er gelernt hat, im Alltäglichen, Gewöhnlichen die Zeichen der Transzendenz zu sehen.

Für den Träumer war es ausgesprochen bedeutsam, daß ein Symbol eines Traumes, das ihn so sehr beschäftigte, auch das zentrale Symbol eines Märchens war. Er hatte den Eindruck, daß sein Problem zwar sein ureigenes sei, aber zudem auch ein Problem, das andere Menschen ebenfalls betreffe.

Für ihn wurde die Verbindung der roten Blume mit der Perle oder mit dem Tautropfen sehr wichtig. Er ließ sich sein Traumbild gern durch das Märchenbild anreichern, das für ihn emotionell bedeutsam war. Auch sonst gelang es ihm, eine Verbindung zwischen seinem Erleben und dem Märchen herzustellen. So wurde ihm bewußt, daß er Frauen sehr leicht zu Nachtigallen hochstilisierte, sich selbst dabei entwertete und so eine Beziehung verunmöglichte. Daß das eigentlich einer »Verhexung« entspricht, machte ihn sehr nachdenklich.

Wenn wir ein Traumsymbol in einem Märchen wiederfinden, dann stellt das Märchen das Traumsymbol in einen symbolischen Prozeß hinein; wir finden also Hinweise darauf, in welchen Zusammenhängen das Problem stehen kann, welche Entwicklungsprozesse angezeigt sein können, um eine Lösung des anstehenden Problems zu finden. Bei dem hier beigezogenen Märchen ist es dargestellt in Joringel, der einerseits Schafe hütet, eine Aufgabe der Konzentration wahrnimmt, das Schloß der Erzzauberin umkreist, das Problem also immer wieder umkreist, und dann endlich den erlösenden Traum träumt, den er in die Realität umsetzt.

Durch die Beschäftigung mit den Märchenbildern konnte sich der Träumer einerseits etwas aus seiner Fixierung an seine rote Blume lösen, neue Bilder tauchten zu dem bekannten Symbol auf, der Analysand war emotionell mehr in Kontakt als zuvor mit diesem für ihn so wesentlichen Symbol. Auch weckte das Märchen in ihm die Hoffnung, daß diese wunderbare Wendung, wie sie im Traum angekündigt war und die einem schöpferischen Sprung entspricht, nach sehr geduldiger Vorarbeit allerdings, möglich ist. Der Umstand, daß sich im Märchen ein Mann mit der Blume beschäftigt, in seinem Traum aber ein Kind, fand der Träumer stimmig. Für ihn ging es darum, daß er, als Mensch in seinem wirklichen Alter, mit dem Vertrauen, der Faszination und der sorgenden Konzentration eines Kindes mit dieser Blume umging.

Symbole als abgebildete Emotionen

Wenn weder Träume noch frei aufsteigende Phantasien da sind, so ist man – nach Jung – auf Kunsthilfe angewiesen. Diese besteht darin, daß man den jeweiligen affektiven Zustand als Ausgangspunkt benutzt; denn, gemäß der Selbstregulierung der Psyche, liegt in dieser affektiven Störung die Energie, die dem Leidenden helfen könnte, sein Leben wieder effektiver zu gestalten. Man versenkt sich nun also in die Stimmungslage und schreibt alle Phantasien und alle Assoziationen, die auftauchen werden, nieder.

»Die kritische Aufmerksamkeit muß ausgeschaltet werden. Visuell Begabte haben ihre Erwartung darauf zu richten, daß sich ein inneres Bild herstellen werde. In der Regel wird sich auch ein solches Phantasiebild anbieten, das sorgfältig zu beobachten und schriftlich zu fixieren ist. Akustisch-sprachlich Begabte pflegen innere Worte zu hören... Es gibt wiederum andere Menschen, die innerlich weder sehen noch hören, aber ihre Hände haben die Fähigkeit, Inhalte des Unbewußten auszudrücken.«[21]

Wir haben da bereits eine erste Anmerkung zur »Aktiven Imagination«, ohne daß Jung diesen Namen schon brauchen würde. Allerdings betreibt Jung zu dieser Zeit – seit Dezember 1913 – bereits selbst Aktive Imagination. Er weist da aber schon darauf hin, daß bei der Symbolbildung gefühlsbetonte Inhalte, Affekte, sich in diesen Bildern sichtbar machen. Mit diesem Hinweis auf die Affekte ist wiederum eine Beziehung zu den Komplexen hergestellt, die er zu dieser Zeit definiert als gefühlsbetonte (Affekt-) Vorstellungen, die verdrängt sind und jederzeit das Bewußtsein hemmen oder fördern können, wenn sie konstelliert werden.

Emotionen verändern unsere Bilder, Bilder verändern aber auch unsere Emotionen. Nicht nur kann das Unbewußte unsere bewußte Stimmung verändern, wir können über bewußtes Wahrnehmen und die Konzentration auf Bilder auch unser Unbewußtes verändern. Das ist von außerordentlich großer Bedeutung für die Therapie, wenn wir bedenken, daß es die *Bilder* von der Realität, die Bilder von uns selbst sind, die uns ängstigen, die uns beeinträchtigen oder die uns Schwung geben, und weniger die Realität an sich.

Beispiel: Ein einunddreißigjähriger Mann – der Mann ist Pfarrer – kommt in die vierzigste Therapiestunde und sagt, er spüre nichts als einen großen Ekel vor sich und vor der Welt. Er spüre la nausée im Sonnengeflecht, die Übelkeit. Er spricht dann weiter davon, daß er sich eine große Krankheit wünsche, um den Leistungsdruck wegzuhaben. Natürlich habe er auch sehr große Angst vor einer Krankheit.

Ich entspannte den Analysanden etwas, denn im entspannten Zustand steigen Bilder leichter auf. Ich bat ihn dann, sich voll auf sein Gefühl des Ekels zu konzentrieren und wahrzunehmen, welche Bilder beschreibbar würden.

Sein Bild: »Ich bin in der Mitte, umringt von den Leuten meiner Gemeinde. Ich fühle unzählige Augen auf mir. Es ist sehr unangenehm.«

Auf meine Frage, wie er sich selbst sehe, sagte er: »Wie ein Berg. Eigentlich wie ein Zuckerstock«, und dann als Erklärung: »Wissen Sie, so ein Berg wie ein Zuckerstock. Früher, als ich noch ein Kind war, gab es doch Zuckerstöcke, da konnte man daran lecken...« – Ich fragte ihn: »Kann man denn an Ihnen lecken, jetzt?« – Er: »Die Leute lecken an mir, ich kann mich nicht bewegen, das ist unerträglich.« Er öffnet die Augen, schüttelt den Kopf.

Noch einmal erzählt er mir, wie er sich erlebt hat. Einerseits fühlt er sich gut, weil er so im Zentrum war, andererseits schrecklich unbeweglich, so als Berg – ausgeliefert.

»Ich will ja Geborgenheit durch die Menschen, ich will akzeptiert werden, ich will auch für die Menschen da sein, ich tue auch viel dafür, aber was ich da biete, das ist zuviel; das ist schon fast Prostitution.«

Es folgte ein Gespräch über Geborgenheit, über seine lebensgeschichtlich bedingten Zweifel, daß es Geborgenheit überhaupt gebe, allenfalls nur dann, wenn man sich unendlich anstrenge für ein wenig Geborgenheit. Er drückte seine Erfahrung aus, daß man eben immer alles tun müsse, was die anderen von einem erwarten, dann werde man wenigstens ein wenig akzeptiert und habe man ein wenig Geborgenheit. Hier sah er auch den Zusammenhang mit dem Leistungsdruck, dem er sich ständig ausgesetzt fühlte, auch wenn wir herausgefunden hatten, daß von außen so viel nun auch wieder nicht gefordert wurde.

Betrachten wir das Bild, dann fällt auf, wie sehr zentral er sich sieht, sich selbst als Mittelpunkt seiner Gemeinde, von vielen Augen gesehen, aber natürlich auch beobachtet. Er muß offenbar gesehen werden, wahrgenommen werden. Auch sieht er sich selbst als »unerschütterlichen Fels«, wie er hinterher auf meine Frage sagte. Er verlangt von sich, daß er wie ein Fels in der Brandung wirkt, unerschütterlich, fast unveränderlich. Die Assoziation »Zuckerstock« legt nahe, daran zu denken, daß der Berg so unzerstörbar vielleicht doch auch wieder nicht ist. Das Bild hat auch eine stark sexuelle Note, drückt auch einen sexuellen Wunsch aus. Die sexuelle Bedeutung klingt im Ausdruck »Prostitution« an, die der Analysand braucht. Von ihm aber übertragen gebraucht im Sinne des Sich-alles-bieten-Lassens, auch gegen den eigenen Willen, um das Gefühl des Gebraucht-Seins, des Wesentlich-Seins zu bekommen. Den Ekel auszulösen scheint, daß er hier meint stehen zu müssen und dennoch fliehen möchte, daß er die Augenpaare braucht, die ihn sehen und ihm so seine Existenz beweisen, und sie gleichzeitig fürchtet.

Unser Gespräch über das Bild ließ den Analysanden verstehen, warum er so zentral wichtig sein will, warum er so viel von sich fordert, um diese zentrale Stellung einzunehmen, und daß er im Moment wohl nicht in der Lage ist, so ganz und gar diese zentrale Stellung aufzugeben, wie er das eigentlich möchte.

Gegen Ende der Stunde bat ich ihn, sich nun wiederum auf seine Emotionen zu konzentrieren und ein neues Bild aufsteigen zu lassen. Bild: »Ich fühle mich als Igel. Die Blicke der Menschen machen mir nicht so viel aus. Die Leute stehen in einer angenehmen Distanz zu mir, sonst stelle ich die Stacheln auf. Die meisten Menschen mögen doch Igel, oder?«

Das mit diesem Bild verbundene Gefühl war ein Gefühl des Pfiffig-Seins. »Jetzt bin ich den Menschen nicht mehr einfach ausgeliefert, jetzt kann ich mich auch ein wenig wehren.« Er sprach dann länger darüber, daß man es einem Igel ja nicht übelnehmen könne, wenn er auch einmal seine Stacheln aufstelle, das wäre doch sein Wesen. Er weiß aber auch, daß Igel sehr weich anzufassen sind, wenn sie ihre Stacheln am Körper angelegt haben.

Die größte Veränderung zum ersten Bild besteht darin, daß er sich wehren kann, daß er seine eigenen aggressiven Seiten einzusetzen wagt. Allerdings ängstigen ihn die aggressiven Seiten, betont er doch, daß man es einem Igel nicht übelnehmen könne, wenn er seine Stacheln aufstelle; übertragen heißt das, daß man es ihm nicht übelnehmen könne, wenn er ab und zu etwas stachelig wäre, um die notwendige Distanz zu den Menschen schaffen zu können.

Es wird in diesem Symbol, in diesem Bild für seine gegenwärtige emotionelle Situation auch deutlich, daß es für ihn zu diesem Zeitpunkt seines Lebens sehr wichtig ist, daß Menschen ihn mögen, wählt er doch für seine Selbstdarstellung ein Tier, von dem er annimmt, daß es die meisten Menschen gernhaben. Damit ist auch ausgedrückt, daß er seine Bedürfnisse nach Anerkennung und seine Bedürfnisse nach Distanz sehr fein gegeneinander abwägen, sehr instinktsicher damit umgehen muß.

Nachdem der Analysand dieses Bild erlebt hatte, fühlte er sich pfiffig, der Ekel war verschwunden. Bilder verändern Emotionen, Emotionen verändern Bilder.

Es wird bei diesem Beispiel deutlich, daß Emotionen sich

»abbilden« lassen, wenn man sich auf sie konzentriert, so wie es Jung als Ausgangpunkt für die Aktive Imagination empfohlen hat.

Damit wird diagnostisch gesehen das Problem, das sich in der Stimmung ausdrückt, nun im Bild sichtbar, kann angegangen werden, indem wir die Einfälle zu diesem Bild sammeln, oder auch, was ich ja nicht intendiert habe, wenn wir die Bilder sich weiterentwickeln lassen.

Das Problem in dieser Situation ist kurz zusammengefaßt dieses, daß sich der Analysand als jemanden sieht, der im Mittelpunkt steht, sich auch als ganz sicherer Mensch anbietet, an den andere sich anlehnen können. Er selbst aber überfordert sich dadurch. Es wird ihm alles zuviel, die Menschen kommen ihm zu nah, er fühlt sich überfordert und nimmt nicht wahr, daß er sich für solches Verhalten der Menschen anbietet.

Therapeutisch gesehen haben wir nun nicht mehr nur eine mehr oder weniger diffuse Stimmung vor uns, wir haben ein Bild, mit dem umgegangen werden kann, das zum Beispiel auch gemalt werden könnte, über das gesprochen werden kann. Dabei bekommt der Analysand eine Distanz zu seinem Gefühl, zu seinem Symbol, das auf dieses Gefühl hinweist. Er ist nicht mehr einfach diesem Gefühl ausgesetzt. Die Auseinandersetzung des Bewußtseins mit dem Unbewußten kann einsetzen, das bewußte Ich ist nicht mehr von der Emotion allein bestimmt. So kann sowohl das Hemmungsthema, das im Symbol ausgedrückt ist, wahrgenommen als auch das Entwicklungsthema aufgenommen werden. Die Bilder verändern sich, damit auch die Emotionen und meistens mit einiger Verzögerung auch das Verhalten im Alltag.

Gerade das zweite Bild zeigt uns aber auch, wie sorgsam diese Veränderung anzugehen ist, daß es nicht einfach um eine radikale Veränderung geht, sondern um eine Veränderung, bei der die seelischen Notwendigkeiten des Analysanden im Auge behalten werden. Die Bilder sagen uns, welche Entwicklungsschritte möglich und ratsam sind, und ergänzen so sehr präzis unsere psychodynamischen Überlegungen.

Daß der Analysand sich selbst durch die Arbeit an diesen Bildern, die Symbole für seine gegenwärtige existentielle Situation sind, nähergekommen ist, zeigt sich auch daran, daß er im ersten Bild als Selbstbild noch den Berg, im zweiten den Igel wählt – ein Bild, das, wenn auch immer noch nicht menschlich, so doch bedeutend menschennäher ist.

Das Symptom als Symbol

Jung weist darauf hin, daß die Symbolbildung oft mit psychogenen körperlichen Störungen verbunden ist. Er begründet das einerseits damit, daß das »Unbewußte die Psyche aller autonomen Funktionskomplexe des Körpers« ist.[22] Andererseits läßt sich dieses Phänomen auch aus seiner Komplexdefinition erschließen. Das Wesentliche an einem Komplex ist die damit verbundene Emotion. Emotionen haben aber immer ein physiologisches Korrelat. Jung hat schon sehr früh Aspekte zur ganzheitlichen psychosomatischen Sichtweise des Menschen beigetragen, wie sie heute aus der Sicht verschiedener Autoren langsam zum Allgemeingut unseres Denkens und Erlebens werden. Es geht dabei nicht um die psychosomatischen Krankheiten im engeren Sinne, sondern darum, daß der Mensch als eine Ganzheit verstanden wird, als ein System, in dem psychische, somatische und soziale Faktoren ineinanderwirken, wobei Probleme der einen Ebene sich auch auf einer anderen Ebene ausdrücken können.[23]

Diese Sichtweise ergibt sich aus der Jungschen Psychologie ganz natürlich. Das bedeutet aber, daß wir auch körperliche Symptome als Symbole auffassen können, uns fragen können, welche Bedeutung damit verbunden ist, welcher Sinn dahinter verborgen sein kann. Dasselbe könnten wir uns auch anhand sozialer Phänomene fragen. Es fragt sich überhaupt, ob es Wandlungen gibt, die nicht alle Bereiche des Menschen gleichzeitig erfassen, wobei das Symbol sich aber auf einer Ebene bevorzugt ausdrückt. Ich meine auch, daß wir die verschiedenen Ebenen als gleichwertig einstufen müßten.

Mit körperlichen Symptomen können wir demnach analog den Stimmungen umgehen.

Beispiel: Eine Sekretärin sucht die Therapie auf, weil sie eine sehr verspannte Nackenmuskulatur mit verschiedenen Folgebeschwerden hat. In der einundzwanzigsten Stunde bitte ich sie, sich ganz von ihrer verspannten Nackenmuskulatur bestimmen zu lassen, diese Spannung zu fühlen und dann ein Bild dazu aufsteigen zu lassen.

Bild: »Der Chef als Kobold hat sich da festgekrallt. Er schaut mir über die Schultern. Links von meinem Kopf sehe ich ein großes, rundes Auge; rechts von meinem Kopf ein großes, rundes Auge. Er rollt die Augen bedrohlich.« – Sie beginnt zu lachen und sagt: »Das sieht furchtbar lustig aus, wenn man sich im Spiegel ansieht.«

Dieses Lachen angesichts dessen, was sie sieht, scheint mir von großer Wichtigkeit zu sein. Sie bekommt dadurch eine Distanz zu dem, was sie sieht, sieht sich aber trotzdem an. Es wird ihr sofort deutlich, daß ihr »der Chef« im Nacken sitzt. Von der Verspannung her könnte man sich denken, daß sie das »Krallen« des Chefs in den Mittelpunkt des Erlebens rückt. Vom Krallen spricht sie aber nicht weiter, die Wortwahl allerdings legt nahe zu denken, daß dieser »Chef« nicht so leicht vom Nacken losgelöst werden kann.

Für die Analysandin sind die Augen des Chefs betont, er scheint alles zu sehen, was sie macht – und wohl noch wesentlich mehr. Ihre Spannung scheint damit zusammenzuhängen, daß sie sich kontrolliert fühlt. Diese Kontrolle verursacht eine Angstspannung. Wir sprechen nicht umsonst von der Angst, die uns im Nacken sitzt. Natürlich ist ein Teil der Spannung auf das Schreiben mit der Schreibmaschine zurückzuführen.

Nun gilt dieses Bild noch lange nicht als Beweis, daß diese Sekretärin einen Chef hat, der mit Argusaugen über allem wacht, was sie tut. Es ist durchaus möglich, daß sie selbst – aufgrund ihrer Lebensgeschichte – sehr kontrolliert ist, aufpaßt, daß sie bloß nichts falsch macht. Das hieße dann, daß ihr eigener Kontrollkobold ihr im Nacken sitzt und darüber wacht, daß sie ja nichts Falsches macht.

Eigene unbewußte Wesenszüge, die wir oft in der Kindheit von einem Elternteil übernommen haben und die in uns wirken, oft in Form von Symptomen, in komplexhaften Äußerungen, werden auf die Mitmenschen projiziert. An ihnen sehen wir diese Eigenheiten, an ihnen faszinieren sie uns oder ärgern sie uns. Indem wir Symbole auf der »Subjektstufe« betrachten, versuchen wir, diese Inhalte aus der Projektion zurückzuholen, sie als eigene Wesensanteile zu sehen und zu ergründen, welche Wirkungen sie auf die zwischenmenschlichen Beziehungen haben.

Die subjektstufige Deutung ist ein wesentlicher methodischer Zugang zu den Symbolen, den Jung ausgearbeitet hat und der heute von vielen psychologischen Schulen übernommen worden ist.

»Subjektstufig« heißt, daß man symbolische Inhalte, die in einem Bild auftauchen, in einem Traum oder einer Phantasie, als Wesenszüge des Menschen, der dieses Symbol erlebt hat, sieht. In unserem Beispiel wird »der Chef im Nacken« als ein kontrollierender Wesenszug der Sekretärin gesehen, dem sie sich sehr schlecht entziehen kann, weil der sich so festgekrallt hat, fast wie mit ihr verwachsen ist. Jetzt muß sie aber hinsehen, ein Spiegel wird ihr vorgehalten, sie kann sich selbst samt diesem Kobold im Nacken, der in ihr soviel Angst auslöst, ansehen.

Bei der Deutung auf der Subjektstufe geht man so vor, daß man den Menschen, der das Symbol erlebt hat, bittet zu sagen, was ihm zu den verschiedenen Figuren seiner Träume, aber auch zu Landschaften, die Seelenlandschaften entsprechen, einfällt.

Die Sekretärin: »Mein wirklicher Chef hat betonte Augen, eine Brille. Ich fühle mich oft gemustert. Aber eigentlich hat er Verständnis für Fehler. Die Augen erinnern mich an einen Lehrer, der hatte eine starke Brille. Das gab einen stechenden, bohrenden Blick. Ich hatte immer das Gefühl, daß er alles weiß, daß er weiß, was ich nicht gut gemacht habe.«

Auf meine Frage, wem es denn in ihrer Familie so wichtig gewesen sei, daß man alles immer richtig mache, sagte sie: »Eigentlich allen. Man mußte immer aufpassen, daß man keine Fehler machte.«

Die Analysandin stammt aus einer sozialen »Aufsteigerfamilie«, wie sie es bezeichnet, in der es sehr wichtig war, alles richtig zu machen. Kontrolle wurde so zu einem Wert an sich. Man konnte nicht darauf vertrauen, daß das Leben auch Fehler erträgt, man mußte aufpassen, daß es eben keine Fehler gibt.

Aufgrund dieser Assoziationen wird deutlich, daß dieser kontrollierende Wesenszug, der der Abwehr der Angst gilt, in der Familie als wesentlicher Wert hingestellt wurde. Die Analysandin übernahm diesen Wert selbstverständlich. Es war ihr nicht bewußt, daß ihr dieser Wert so wichtig war, daß sie sich gleichzeitig von ihm so terrorisieren ließ. Sie sah bisher die kontrollierenden Menschen eher außerhalb ihrer selbst; es war für sie außer Frage, daß diese Kontrolle gefordert war. Was einmal zur Angstbannung beigetragen hatte, wurde nun erst recht ängstigend.

Durch das Abbilden-Lassen des Symptoms wird das Bild, das die Sekretärin auf andere Menschen projiziert, sichtbar, angehbar. Durch das Sammeln der Assoziationen belassen wir das Problem zunächst auf der Objektstufe oder in der Projektion. Die Eigenheiten, die hier beschrieben werden, sind weniger ängstigend, es geht ja nicht um uns, es geht um andere Menschen. Erst dann versuchen wir die Rückfrage zu stellen, wo diese Eigenheiten auch unsere eigenen Eigenheiten sind, wir versuchen also, die Wesenszüge, die wir außen sehen, als eigene Wesenszüge zu erleben. Das bewirkt in ihrem Fall, daß die Beziehung zu ihrem realen Chef neu erlebt werden kann. Sie ist sich dessen bewußt geworden, daß diese Kontrolle eine innere Forderung von ihr selbst an sich ist, und kann nun abwägen, wie weit ihrer inneren Forderung auch das Verhalten des Chefs entspricht.

Die subjektstufige Interpretation wird immer auch ergänzt durch die objektstufige Interpretation: Hierbei entsprechen symbolische Inhalte realen Begebenheiten im realen Alltag und Menschen, die wir im Traum treffen, den Menschen, die wir kennen; Beziehungsprobleme, die sich im Traum oder in Symbolen darstellen, sind auch Abbildungen von Beziehungsproblemen des Alltags.

Theoretisch beruht die Möglichkeit der subjektstufigen Interpretation auf der Idee, daß das, was außen ist, auch innen ist; daß das, was wir in der Beziehung zur Welt und in Repräsentanten der Welt erleben, auch unsere intrapsychische Wirklichkeit ausmacht. Sehr prägnant formuliert dies Jung in dem Satz: »Der Individuationsprozeß hat zwei prinzipielle Aspekte: Einerseits ist er ein interner, subjektiver Integrationsvorgang, andererseits aber ein ebenso unerläßlicher objektiver Beziehungsvorgang. Das eine kann ohne das andere nicht sein, wennschon bald das eine, bald das andere mehr im Vordergrund steht.«[24]

Diese zwei prinzipiellen Aspekte des Individuationsprozesses werden im therapeutischen Umgang mit Bildern aller Art immer wieder sichtbar und erlebbar. Dieser Umgang mit dem

Symbol hat eine therapeutische Wirkung. In unserem Beispiel ist diese zunächst daran sichtbar, daß die Sekretärin über ihr Bild lacht und sich dabei entspannt. Dann wird ihr deutlich, wie sehr diese nicht hinterfragte Kontrolle ein bestimmender Wert in ihrem Leben geworden ist. Sie ist nun imstande zu prüfen, ob dieser Wert wirklich für sie so wesentlich bleiben soll oder ob er sie nicht auch daran hindert zu leben.

Im Symptom, das über das Bild zu einem Symbol wird, ist also sowohl das Hemmungsthema als auch ein mögliches Entwicklungsthema, das zu realisieren allerdings viel Zeit beansprucht, sichtbar geworden. Natürlich wäre es möglich, dieses Bild vom Kobold im Nacken in der Phantasie sich weiterentwickeln zu lassen, wie Jung dies in der Methode der Aktiven Imagination vorgeschlagen hat.

Die Aktive Imagination

Unter den Begriff »Aktive Imagination« fällt bei Jung an sich jede Gestaltung am Symbol: sei dies nun eine bildnahe Weiterführung des Bildes, ein Weiterträumen sozusagen, sei es ein Gemälde, sei es ein Modellieren, Darstellen. Es hat sich aber im Lauf der Zeit ergeben, daß nur das Weiterführen des Phantasiebildes, die Entwicklung des Symbols in wachem Zustand als »Aktive Imagination« bezeichnet wird.

Jung erwähnt die Aktive Imagination erstmals 1916. Dann spricht er weiter von ihr im Vorwort zu Richard Wilhelms ›Die goldene Blüte‹, wo er noch vor allem die Kunst des psychischen Geschehenlassens als Voraussetzung dafür betont, um aktiv imaginieren zu können.[25] Jung spricht im Zusammenhang mit Aktiver Imagination auch von »spontanen, visuellen Phantasiebildern«. Weiter sagt Jung zur Aktiven Imagination im Aufsatz ›Zum psychologischen Aspekt der Korefigur‹: »Diese ist eine von mir angegebene Methode der Introspektion, nämlich der Beobachtung des Flusses innerer Bilder: Man konzentriert die Aufmerksamkeit auf ein eindrucksvolles aber unverständliches Traumbild oder auf einen spontanen visuellen Eindruck und beobachtet, welche Veränderungen am Bilde stattfinden. Dabei muß natürlich alle Kritik ausgeschaltet und mit absoluter Objektivität das Vorkommende beobachtet und aufgezeichnet werden... Unter diesen Bedingungen kommen lange und oft sehr dramatische Phantasiereihen zustande.«[26] Das ist aber noch nicht eigentlich eine Aktive Imagination, sondern einfach eine Imagination.

In einem Brief von 1947 beschreibt Jung dann, was er unter *Aktiver* Imagination versteht. »Bei der Aktiven Imagination kommt es darauf an, daß Sie mit irgendeinem Bild beginnen ... Betrachten Sie das Bild und beobachten Sie genau, wie es sich zu entfalten oder zu verändern beginnt. Vermeiden Sie jeden Versuch, es in eine bestimmte Form zu bringen, tun Sie einfach nichts anderes als beobachten, welche Wandlungen spontan eintreten. Jedes seelische Bild, das Sie auf diese Weise beobachten, wird sich früher oder später umgestalten, und zwar aufgrund einer spontanen Assoziation, die zu einer leichten Veränderung des Bildes führt. Ungeduldiges Springen von einem Thema zum andern ist sorgfältig zu vermeiden. Halten Sie an dem einen von Ihnen gewählten Bild fest und warten Sie, bis es sich von selbst wandelt. Alle diese Wandlungen müssen Sie sorgsam beobachten und müssen schließlich selbst in das Bild hineingehen: Kommt eine Figur vor, die spricht, dann sagen auch Sie, was Sie zu sagen haben, und hören auf das, was er oder sie zu sagen hat. Auf diese Weise können Sie nicht nur Ihr Unbewußtes analysieren, sondern Sie geben dem Unbewußten die Chance, Sie zu analysieren. Und so erschaffen Sie nach und nach die Einheit von Bewußtsein und Unbewußtem, ohne die es überhaupt keine Individuation gibt.«[27]

Noch drastischer drückt sich Jung in einem Brief aus dem Jahre 1950 aus: »Man muß nämlich selber in die Phantasie eintreten und die Figuren zwingen, Rede und Antwort zu stehen. Dadurch erst wird das Unbewußte dem Bewußtsein integriert, nämlich durch ein dialektisches Verfahren, das heißt durch den Dialog zwischen Ihnen und den unbewußten Figuren. Was in der Phantasie geschieht, muß Ihnen geschehen. Sie dürfen sich nicht durch eine Phantasiefigur vertreten lassen. Sie müssen das Ich bewahren und nur modifizieren durch das Unbewußte, wie auch letzteres in seiner Berechtigung anerkannt und nur daran verhindert werden muß, das Ich zu unterdrücken und zu assimilieren.«[28]

Allerdings gesteht Jung zu, daß auch schon das Ablaufenlassen von Phantasien eine befreiende Wirkung auf den Patienten haben kann.

Generell gilt aber doch, daß dieses aktive Darinstehen und doch psychisch Geschehenlassen die Imagination am wirksamsten zu machen scheint. Es ist offensichtlich, daß da das Modell der Symbolbildung – die Auseinandersetzung von Bewußtem und Unbewußtem, wobei diese beiden Positionen durch das Symbol als einem Dritten immer wieder übergriffen werden – Pate gestanden hat. So gilt denn auch Aktive Imagination als »schöpferische Befreiungstat«.[29] Die Aktive Imagination, zu der es natürlich viele Vorstufen gibt, die therapeutisch sehr hilfreich sein können, ist deshalb so schwierig zu praktizieren, weil man einerseits mit einem ganz wachen Ich zu handeln hat und sich andererseits ganz seinem Unbewußten hingeben muß; sie erfordert eine große psychische Flexibilität, ist letztlich die Verkörperung der transzendenten Funktion und ermöglicht ein kreatives Umgehen mit sich selbst.

Wie zentral wichtig für die Therapie Jung das Umgehen mit den Symbolen gesehen hat, mag die folgende Briefstelle aus dem Jahr 1932 zum Abschluß nochmals belegen: »Der schöpferische Weg ist der beste, dem Unbewußten zu begegnen. Denken Sie sich zum Beispiel eine Phantasie aus und gestalten Sie sie mit allen Ihnen zur Verfügung stehenden Kräften. Gestalten Sie sie, als wären Sie selber die Phantasie oder gehörten zu ihr, so wie Sie eine unentrinnbare Lebenssituation gestalten würden. Alle Schwierigkeiten, denen Sie in einer solchen Phantasie begegnen, sind symbolischer Ausdruck für Ihre psychischen Schwierigkeiten; und in dem Maße, wie Sie sie in der Imagination meistern, überwinden Sie sie in Ihrer Psyche.«[30]

Frank Nager:
C. G. Jung und die moderne Medizin

Dieser Versuch eines Brückenschlags zwischen der Psychologie Carl Gustav Jungs und der Schulmedizin beruht auf meiner Überzeugung, daß das Gedankengut Jungs unsere moderne, sehr rationale und einseitig technisch-pragmatische Medizin zu befruchten und heilsam zu erweitern vermag.

Dank ihrer grenzüberschreitenden und integrativen Tendenzen ist unsere Zeit für ein solches Wagnis bereit. Dennoch wird dieser Versuch einer Annäherung und Befreundung zwischen zwei bisher einander eher fremden »Disziplinen« unterschiedliche Reaktionen auslösen: einerseits Offenheit und nachdenkliche Zustimmung, andererseits Befremden oder Ablehnung.

Aufgeschlossenheit darf ich von jenen erwarten, die fühlen und erkennen, daß – immer drängender, ja kritisch zugespitzt! – »das Zeitalter überall und im ganzen vor der Frage der Umkehr steht«[1] und daß diese not-wendige Wandlung des Zeitgeistes und des Medizingeistes nicht nur von »zeitfremden Utopisten« heraufbeschworen wird, sondern sich – in Ansätzen – bereits konkret abzeichnet.

Innerhalb der Ärzteschaft begegnen wir dieser offenen und wende-witternden Grundhaltung vor allem auch in unserer medizinischen Jugend, also bei unseren Schülern und Nachfahren, die den Umschwung, die Umwertung und die Erweiterung zu vollziehen haben.

Befremden und Ablehnung – meist in der Form »vernehmlichen Schweigens« – wird in jener unberührten und selbstzufriedenen Majorität aufkommen, welche weder die Krise unserer Zeit noch jene unserer Medizin ernsthaft wahrnehmen oder bedenken will.

Die Vertreter dieses wandlungsfeindlichen Establishments glauben, daß die Aufgaben der Zeit und ihrer Heilkunde weiterhin ausschließlich innerhalb der bisherigen extravertierten und rationalen Strukturen bewältigt werden können. Sie verharren – äußerlich ebenso dynamisch wie innerlich statisch – im eingefahrenen Geleise bisheriger Fortschrittsgläubigkeit. Sie überspielen die Krise mit hektischer Betriebsamkeit und glauben, sie durch Ignorieren und Nicht-Nennen beseitigen zu können. Sie sind geradezu »allergisch« gegenüber jeglicher Einstellung, die – wie dies bei C. G. Jung fast Zeile für Zeile geschieht – Althergebrachtes in Frage stellt.

Nach der grimmig-sarkastischen Aussage von Jung selbst ist es jenes Kollektiv der Gebildeten, »vor dem man vom Unbewußten und Irrationalen nicht reden kann, ohne des Mystizismus geziehen zu werden« und dessen »wissenschaftliches Credo eine abergläubische Phobie vor dem Irrationalen entwickelt hat«.[2]

Die mutig-kompromißlose und kämpferische Auseinandersetzung mit dem Unverständnis, den Widerständen und den Anfeindungen durch dieses »Establishment der Gebildeten«, seien es Theologen, »Hirnpsychologen«, Mediziner oder Psychiater: Dies ist eines der Leitmotive in Jungs Leben und Werk. Zeitlebens wurde er von seinen Ideen »in die Arena gepeitscht«. Seine Schriften sind »Aufträge von innen her..., entstanden unter schicksalshaftem Zwang«, auch wenn er sagen mußte, »was niemand hören will« und was den Übereinkünften der Gesellschaft zuwiderlief.

In diesem Beitrag geht es um fünf Aspekte der Jungschen Persönlichkeit und Lehre: nämlich um seine Eigenart als Naturwissenschaftler, um seine Bedeutung als Diagnostiker der Krisenerscheinungen der Medizin im Zeitalter von Wissenschaft und Technik, um seine Auffassung von Krankheit und Heilung, um seine Idee des Arztes, schließlich um seinen Beitrag zur Zeitenwende, vor allem zur Wende in der Medizin.

C. G. Jung als Naturwissenschaftler

Bei modernen Naturwissenschaftlern, auch bei Medizinern, herrscht verbreitet das Vorurteil, es sei in der Natur allein existent, wirksam, erforschenswürdig sowie erforschbar, was naturwissenschaftlicher Meßtechnik zugänglich ist. Nur wer messend und rechnend in seinen Naturgegenstand eindringt und sich apparativ-technisch seiner bemächtigt, sei ein echter Naturwissenschaftler.

Ein derart eingeengter Forschergeist glaubt, daß wir nur biotechnisch, mit Manometern, Elektronenmikroskopen, immer raffinierteren Reagenzien und mit einem ungeheuren Verschleiß an Ratten und Drosophilae den Lebensrätseln zu Leibe rücken können. Solches Vorurteil widerspiegelt die fast wahnhafte Technik- und Statistikgläubigkeit des Zeitgeistes und ist Folge eines zu partiellen, zu einseitigen Natur- und Menschenbildes.

In der Medizin neigt ein solchermaßen dürftiges Menschenbild dazu, die Menschenseele als ein unerforschbares, eher lästiges Epiphänomen zu betrachten, das Unbewußte als inexistent oder als trüben »Erdenrest, zu tragen peinlich«. Dieses Wissenschaftsverständnis kann alles Irrationale, Emotionale und Intuitive nicht ernst nehmen. Die Psyche mit ihrem Unbewußten, ihrer Symbol- und Bildersprache kann nicht Forschungsgegenstand einer seriösen Naturwissenschaft sein. Solch enge Wissenschaftlichkeit und ihre »zerstückelte Art, die Natur zu betrachten« (Schiller) wird einen C. G. Jung als ernsthaften Naturforscher nicht anerkennen.

Die in modernen Gelehrtenkreisen oft auffallend vehemente Ablehnung Jungscher Naturanschauung erinnert an die Haltung jener »dünkelhaften Gilde« deutscher Professoren, die vor zweihundert Jahren Goethes Farbenlehre als echte Naturforschung nicht anerkannte.[3]

Für den konventionellen Forschertyp ist Jung kein Naturwissenschaftler, sondern ein verschwommener Mystiker, sein Werk ein versponnen-esoterisches Theorem, in der Praxis unbrauchbar. Zugegeben: Jungs Werk ist kein klassisch-klar gegliederter Tempel, »in dem akademisch leicht zu wandeln wäre«. Es ist kein widerspruchsfreies, in sich geschlossenes System.

Jung selber sagt: »Ich habe kein System erstellt, sondern lediglich Tatsachen beobachtet und versucht, sie zu erklären.«[4] Als einen empirischen Naturwissenschaftler hat er sich verstanden.

Im Gegensatz zu Jungs Antipoden, den »Hirnpsychologen«, haben führende Physiker und Biologen – wie Heisenberg, Heitler, Pauli, Portmann – diesen Empiriker hoch eingeschätzt, ebenso jener Editor, der im ›British Medical Journal‹ 1952 schreibt: »Facts first and theories later is the key note of Jung's work. He is an empiricist first and last.«[5]

Für Jung, diesen »Liebhaber der Seele«, wie er sich selber bezeichnet, ist die menschliche Psyche ein faszinierendes Stück Natur.

Manche können nicht verstehen, daß Natur nicht allein außen, sondern auch innen ist. Es ist ihnen unbegreiflich, daß dieses geheimnisvolle Stück Natur, genannt Seele, nicht ein Sekundärphänomen darstellt, das unser subjektives Ich »produziert«, sondern vielmehr eine ungeheuer komplexe, äußerst schwierige, zwiespältig-paradoxe, höchst brisante, zerstörerische und schöpferische, krankmachende und heilende, zutiefst numinose und vor allem erschreckend unbekannte Wirklichkeit unserer Natur. Ihr ist Jung als Naturwissenschaftler mit dem kühlen, objektiv betrachtenden Auge des Forschers begegnet, gleichzeitig aber tief ehrfürchtig und ergriffen, eben als ein »Liebhaber der Seele« und als ein »Genie der Erfahrung«[6].

Jungsche Art der Naturforschung, diese tief ergriffene und religiöse, nie auf Unterwerfung ausgerichtete Naturbetrachtung ist wesensverwandt mit der Naturanschauung seiner geistigen Vorbilder Paracelsus und Goethe. Wie diese geistigen Vorfahren besitzt Jung einerseits die intuitive Offenheit für das Irrationale, andererseits beherrscht er jenes kraftvoll-ordnende Denken, das in aller nur wünschbaren Klarheit rational faßt und formuliert, was immer von der seelischen Wirklichkeit dem Intellekt zugänglich ist.

Der Naturforscher Jung ist überzeugt, »daß die Erforschung der Seele die Wissenschaft der Zukunft ist. Psychologie ist sozusagen die jüngste der Naturwissenschaften und steht erst am Anfang ihrer Entwicklung. Sie ist aber jene Wissenschaft, die uns am nötigsten ist..., denn es stellt sich allmählich immer deutlicher heraus, daß weder Hungersnot noch Erdbeben, noch Mikroben, noch Karzinom, sondern der Mensch dem Menschen die größte Gefahr ist..., weil es keinen genügenden Schutz gibt gegen psychische Epidemien, die unendlich viel verheerender wirken als die größten Naturkatastrophen.«[7]

C. G. Jung als Diagnostiker der Krisenerscheinungen der modernen Medizin

In der Urkunde zum Ehrendoktorat der Eidgenössischen Technischen Hochschule Zürich wird Jung als Diagnostiker der Krisenerscheinungen des Menschen im Zeitalter der Wissenschaften und der Technik gewürdigt.[8] Im allgemeinen werden unerbittliche Kritiker nicht mit Ehrendoktoraten ausgezeichnet, sondern mit vernehmlichem Schweigen ignoriert oder gar angefeindet.

Die zeitkritischen Diagnosen Jungs aber waren für die Professorenschaft der ETH, vor allem für ihren weitblickenden Rektor Karl Schmid, treffsicher und konstruktiv genug, um sie als Ermahnung nicht nur sorgfältig zu bedenken, sondern sie sogar durch ein Ehrendoktorat zu würdigen.

Im Gegensatz zu diesen Zürcher Professoren hat ein unberührtes akademisches Establishment Jungs Kritik an unserer Geisteshaltung im wissenschaftlich-technischen Zeitalter nicht zur Kenntnis genommen und wird dies – trotz wachsender Bedrohung – auch künftig nicht tun. Das zunehmend Drastische, das heute täglich geschieht und sich dramatisch steigert, läßt eine dumpfe Mehrheit – auch der Intellektuellen! – unheimlich kalt.

Als Krisendiagnostiker hat Jung unserer Zeit, damit auch unserer modernen Medizin, mehr denn je einiges zu sagen. Die anhaltende Krise mit ihren Aspekten wachsender Gefahr, aber auch Chance, hat sich dreißig Jahre nach Jungs Tod zugespitzt.

Wache Wahrnehmung der Krise zieht sich durch sein ganzes Werk. Er war der Auffassung, daß wir in einer schicksalshaften Wende der Zeiten stehen. Oft empfand er den Zeitgeist als Ausdruck eines Zerfalls, der fast unausweichlich den Untergang ankündigt. So schreibt er apokalyptisch: »Der moderne Mensch ist schon dermaßen verdunkelt, daß außer dem Licht seines Verstandes nichts mehr seine Welt erhellt... Darum wohl passieren unserer gelobten Kultur die wunderlichsten Dinge, die schon mehr einem Weltuntergang als einer Abenddämmerung gleichen.«[9]

Die ersten Atombombeneinsätze bestürzten ihn zutiefst und bewiesen ihm, daß »die Kulturmenschheit an ihrem Scheideweg steht«, denn »gegen das Jahr 2000 p. Chr. n. hat die Menschheit auch schon richtig das Instrument in Händen, mit dem sie sich das Ende bereiten kann..., es sei denn – und dies ist die einzige Chance –, daß die große Umkehr... komme, worunter ich mir schlechterdings nichts anderes vorstellen kann als eben eine religiöse, welterfassende Bewegung, welche allein den teuflischen Zerstörungsimpuls auffangen kann«.[10]

In seinem Essay über die ›Frau in Europa‹ hält er fest: »Bisweilen scheint es,... als ob die heutige Zeit ein Analogon hätte mit gewissen Epochen, wo große Reiche und Kulturen ihren Höhepunkt überschritten und unaufhaltsam ihrem Zerfall entgegeneilten. Aber solche Analogien sind trügerisch, denn es gibt Renaissancen.«[11]

In diesen und in ähnlichen Äußerungen zum Zeitgeist widerspiegeln sich Jungs gegensätzliche, zwischen Resignation und trotzigem Optimismus hin- und hergerissene Tendenzen: einerseits Kulturpessimismus, andererseits – und stärker! – Hoffnung auf Renaissance, auf Wende!

Den Hoffnungsschimmer zu Wandlung und damit Rettung erkennt Jung allein in einer grundlegenden Sinnesänderung, in fundamentaler innerer Umkehr. Er ist geistesverwandt mit anderen tiefbesorgten Mahnern wie zum Beispiel Albert Schweitzer oder wie Albert Einstein, der zu gleicher Zeit die Menschheit beschwört: »We shall require a substantially new manner of thinking, if mankind is to survive.«

Als Krisendiagnostiker im Zeitalter von Wissenschaft und Technik – mit ihrer schicksalshaften Errungenschaft der Atombombe – prangert Jung weder Wissenschaft noch Technik per se an. Vielmehr analysiert und kritisiert er jene gefährliche Mentalität, jene Verkümmerungen und Versäumnisse des wissenschaftlich-technokratischen Menschen, die derart extreme Auswüchse wie die Atombombe möglich machten.

Die kritische Zeitanalyse Jungs ist vielschichtig und tiefreichend. Wir müssen uns hier skizzenhaft auf jene Aspekte beschränken, die vornehmlich den wissenschaftlich-technisch geprägten Menschen und damit auch die Mediziner betreffen.

Die bedenkliche Geistesverfassung des Menschen im wissenschaftlichen und technischen Zeitalter beruht nach Jung auf einer tyrannischen Vorherrschaft von Ratio und Intellekt, auf einer Überschätzung männlicher Werte mit Unterdrückung weiblicher Normen sowie auf mangelnder Innenschau und Mißachtung des Seelischen und Irrationalen.

Das innere Wesen der modernen Menschheitskrise ist für ihn ein tief gestörtes Grundverhältnis von Intellekt und Gefühl, von rational und irrational, von Bewußtsein und Unbewußtem.

Diktatur rationaler, patriarchaler Normen

Die atemberaubende Entwicklung der Wissenschaft, auch der Medizin, sowie die dynamische Fortschrittlichkeit der Technik beruhen auf zielstrebigen intellektuellen Bemühungen sowie auf kritisch-rationaler Grundhaltung. Die positiven Aspekte dieser Entwicklung anerkannte Jung. Auch wir heutigen Ärzte bewundern ihre Errungenschaften und nutzen sie dankbar.

Erst eine Minderheit, wohl vorwiegend unsere medizinische Jugend, nimmt wahr, daß dieser ebenso tüchtigen wie autoritären Dominanz männlicher Werte auch die Mißerfolge unserer Wissenschaft und Medizin anzulasten sind: nämlich Versäumnisse im Emotionalen, im Irrationalen.

Jung hat darauf hingewiesen, daß der modernen Wissenschaft und Medizin die weiblichen Werte, das Yin-Prinzip der chinesischen Philosophie, abhanden gekommen ist: die emotionale Seite mit ihrer intuitiven Herzensweisheit, ihrer Synthesefähigkeit und ihrem ökologischen Bewußtsein.

Den Frauen wurde übermäßig das Yang-Prinzip aufgepfropft: das Männlich-Intellektuelle, Rationale, Analytische und Expansive. Diese Entwicklung tritt uns heute in maskulin-aggressiven Frauenbewegungen, in übermännlichen, stahlharten Politikerinnen – »iron ladies« –, aber auch in der Medizin selber, in der Gestalt von harten, vermännlichten Frauen entgegen. Ohne Zweifel besteht in unserer patriarchalen Medizin die Gefahr einer seelischen Vermännlichung der Frau, welche nicht nur ihren weiblichen Charme überwuchert, sondern auch unwillkommene Folgen für diese Medizin selber hat: nämlich wachsende Allmacht des Gehirns, zunehmende Verkümmerung des Herzens.

Doch nicht nur Frauen werden vom Yang-Prinzip beherrscht. Auch den akademisch gebildeten Männern ist häufig das Yin-Prinzip, ist eigene gefühlvolle Weiblichkeit verlorengegangen.

Solcher »Anima-Verlust« im Gefolge einseitiger intellektueller Schulung und Lebensweise ist nach Jung vor allem ein Merkmal der Intellektuellen, der Akademiker. Diese »mit einem intellektuellen Heiligenschein, aber einsam und fußlos durch die Welt wandernden Gestalten« der einseitig rationalen

Zeitgenossen, wie man sie besonders unter Gebildeten – auch Medizinern! – findet, hat Jung bisweilen recht sarkastisch apostrophiert.[12]

»Philister«, »Barbar«: Das sind seine sackgroben Lieblingsbezeichnungen für den einseitig intellektuellen, äußerlich erfolgreichen, aber innerlich und emotional verkümmerten, »Anima-verlustigen« modernen Mann in führender Stellung. Die wenig schmeichelhafte Kennzeichnung »Barbar« versteht Jung offensichtlich im schonungslosen Schillerschen Sinn des Wortes – als jene maßlos unproportional Intellektuellen, deren »rationale Grundsätze ihre Gefühle zerstören«.

Mit derart harten Attributen hat Jung insbesondere formalistisch-dogmatische und ökumenefeindliche Theologen, ferner die akademischen »Hirnpsychologen«, wie er sie grimmig nannte, aber auch Politiker und Mediziner – nicht zuletzt die Professoren – anvisiert.

Er hält auch den so gebildeten, so gescheiten, so vielwissenden und einflußreichen Ärzten einen schonungslosen Spiegel vor, wenn er in ›Symbole der Wandlung‹ schreibt: »Er ist also, was sein Gefühlsleben anbetrifft, hinter sich selber noch zurückgeblieben, wie wir solches häufig sehen bei Menschen, die anscheinend als Mächtige das Leben und die Mitmenschen beherrschen; sie sind den Anforderungen ihres Gefühls gegenüber infantil geblieben.«[13]

Wenn wir diesen tragischen Gegensatz zwischen intellektuellem Superavit und gleichzeitigem emotionalen Defizit auf die moderne Medizin und auf die Ärzte beziehen, dann werden wir an jene Medizinergestalt gemahnt, deren emotionale Rigidität ungehemmten Merkantilismus oder rücksichtslosen akademischen Ehrgeiz zuläßt. Mit Vorliebe projizieren wir derart betrübliche Tendenzen in die »Kollegen«, in die »Gott sei Dank seltenen schwarzen Schafe unseres Ärztestandes«, und wir wollen es nicht wahrhaben, daß wir fast alle solch ein Zerrbild en miniature in uns selber tragen.

Disharmonie zwischen Yin und Yang: Jung hat einen frühen Beitrag dazu geleistet, daß Frauen und Männer dieses zentrale Problem unserer Epoche und ihrer Medizin wahrnehmen. Seine Gedanken werden nicht nur von seinen Schülern wie Esther Harding[14], Erich Neumann[15], Jolanda De Castillejo[16], Helmut Barz[17] und anderen weiterentwickelt, sondern auch von zeitgenössischen Vorkämpfern einer »Wendezeit« wie Fritjof Capra[18] und Herbert Pietschmann[19] übernommen.

Mißachtung des Seelischen, mangelnde Selbsterkenntnis

Allmacht des Gehirns, Verkümmerung des Herzens: Dieser zentralen Krisenerscheinung des westlichen Menschen entspricht nach Jung eine gefährliche Mißachtung der Seele, eine bedenkliche Unfähigkeit zur Introspektion.

Was schon Novalis beklagt, »sonderbar, daß das Innere des Menschen nur so dürftig betrachtet und so geistlos behandelt worden ist«,[20] das bleibt noch immer beklagenswert. Die ›Wirklichkeit der Seele‹: Dies bleibt auch für Jung – zweihundert Jahre nach Novalis – nach wie vor *der* vernachlässigte Gegenstand des modernen, technisch-wissenschaftlich geprägten Menschen.

»Dem abendländischen Geist«, so schreibt er, »klingt das Wort ›psychologisch‹ immer, wie wenn man gesagt hätte: ›nur psychologisch‹, ... die Seele gilt als etwas sehr Kleines, Minderwertiges, Persönliches, Subjektives«.[21]

Wenn wir Ärzte unseren Klinikalltag, wenn wir zum Beispiel die vehemente Abwehr mancher unserer Patienten gegenüber einer eventuellen Psychogenese ihrer Beschwerden kritisch beleuchten, dann müssen wir Jung beipflichten; dann aber trifft uns auch als harter Schlag sein Vorwurf, daß die »Ärzte praktisch nichts von der menschlichen Seele und ihren Ausdrucksformen in Geschichte, Archäologie, Philologie, Philosophie, Theologie wissen«[22] und daß wir heute weniger von der Psyche verstehen als das Mittelalter[23].

Fünfunddreißig Jahre nach diesen Äußerungen, in einer Ära kaum zu bewältigender Wissensflut auf dem biologisch-somatischen Sektor sowie immer raffinierterer Technologien, wird dieses Defizit immer bedenklicher.

Diese Mißachtung der Seele bezahlt der wissenschaftlich-technische Mensch – nach Jung – mit der »Sünde der Unbewußtheit«, was dazu führte, daß die Menschen heutzutage meist ausschließlich mit ihrem Bewußtsein identifiziert seien und sich einbildeten, nur das zu sein, was sie selber von sich wissen.

Diese Gleichsetzung mit dem Bewußtsein, mit der sozialen

Rolle, der Persona, sowie der entsprechende Mangel an Innenschau bewirken, daß »der sogenannt harmlose, begabte, erfinderische und vernünftige menschliche Geist nur leider seiner ihm anhaftenden Dämonie unbewußt ist. Ja, dieser Geist tut alles, um sein eigenes Gesicht nicht sehen zu müssen... Nur ja keine Psychologie, denn diese Ausschweifung könnte zur Selbsterkenntnis führen! Dann schon lieber Kriege, an denen jeweils der andere schuld ist...«[24]

Dieses krisenhafte »äußerlich Zerstreuen« des abendländischen Menschen und seine Unbewußtheit hat Jung oft mit Traurigkeit erfüllt. Bewegend ist jener sorgenvolle Satz in einem seiner letzten Briefe: »Der menschliche Geist, noch immer ein Jüngling, opfert alles für eine neue technische Errungenschaft, aber hütet sich sorgfältig, einen Blick in sein Inneres zu tun... Ich bin ziemlich sicher, daß etwas Drastisches geschehen wird, die Träumer aufzuwecken, die schon unterwegs zum Mond sind.«[25]

Unterdessen ist der Mond beflaggt und behändigt. Zur Zeit sind atomare Mittel- und Langstreckenraketen sowie SDI auf dem Plan. Die Bedrohung durch Drastisches rückt näher.

Das Wesen von Krankheit und Heilung bei C. G. Jung

Wir Ärzte wissen heute ungeheuer viel über Epidemiologie, Ätiologie, Pathogenese, Pathologie, Pathophysiologie, Klinik sowie Therapie körperlicher und auch seelischer Erkrankungen. Die entsprechende Flut immer neuer Details in die Breite mit immer kürzerer Halbwertszeit ihrer Gültigkeit absorbiert unsere Kräfte, gefährdet unseren Überblick.

Angesichts dieses überwältigenden Detailwissens über Krankheiten ist es erschreckend, wie wenig wir uns – in Studium und Praxis – um das tiefere Wesen von Krankheit und Heilung kümmern. Dieser schwierige irrationale Bereich scheint der vielgerühmten Askese des Naturwissenschaftlers fremd und suspekt zu sein. Man muß schon ein wenig in die Schule der Dichter und Philosophen gehen, um etwas darüber zu erfahren.

Wenn das Richtunggebende bei Jung vor allem auf seiner

Fähigkeit beruht, die jahrtausendealten, schon in Mythen, in der Bibel und in der Alchemie enthaltenen Urwahrheiten, das »alte Wahre«, zeitgemäß zu formulieren und durch eigene Entdeckungen und hilfreiche Begriffe neu und klar aufleuchten zu lassen, so trifft dies vor allem auch auf Jungs Erkenntnisse über das Wesen von Krankheit und Heilung zu.

Diese lediglich andeutende Skizze betrifft Jungs Auffassung über die tiefere Ursache, über den Sinn, über den Symbolgehalt sowie über die eigentliche Heilung all jener Krankheiten, bei welchen nicht allein ein Organ zufällig erkrankt und rein technisch reparabel ist, sondern bei welchen der Mensch in seiner Ganzheit krankt, also nicht nur reparatur-, sondern heilungsbedürftig ist. Dies betrifft zweifellos die Neurosen, die Depressionen sowie die psychosomatischen Erkrankungen.

Ob und inwieweit sich Jungs Auffassung über die tiefere Ursache, den höheren Sinn sowie den verborgenen Symbolgehalt des Krankseins auf *alle* intern-medizinischen Erkrankungen übertragen läßt, also auch auf etwas so handgreiflich Organisches wie einen Herzinfarkt, ein Karzinom, eine Diskushernie: Diese äußerst heikle und kontroverse Frage muß hier ausgeklammert bleiben.

Tiefere Ursache von Kranksein

Die tieferen Ursachen seelischer und psychosomatischer Leiden liegen nach Jung in grundsätzlicher Fehleinstellung und Einseitigkeit, in innerem Stillstand und geistiger Enge, in Unbewußtheit und Sinnverlust.

Depressionen, Neurosen, Sucht und psychosomatische Erkrankungen sind für ihn letztlich ein »Leiden der Seele, die ihren Sinn nicht gefunden hat«, und es »steckt in ihnen ein Anteil noch unentwickelter Persönlichkeit, ein kostbares Stück Seele«.[26]

Jungs Botschaft an die Ärzte ist die dringende Aufforderung, daß sie – zumindest bei der Heerschar psychosomatisch Kranker sowie Süchtiger mit ihren selbstgebastelten Krankheiten – nicht ausschließlich die vordergründigen Ursachen wie äußere Noxen, Stoffwechselstörungen, infektiöse Erreger ins Auge fassen, sondern auch jene geheimnisvollen, aber mächtigen Hintergründe des Krankseins berücksichtigen, die bei aller technisch-rechnerischen Exaktheit rational nicht faßbar sind: die Abgründe der menschlichen Seele.

»Die tollsten und ergreifendsten Dramen spielen«, so schreibt Jung, »bekanntlich nicht im Theater, sondern in den Herzen bürgerlicher Menschen, an denen man achtlos vorübergeht und die höchstens durch einen nervösen Zusammenbruch der Welt verkünden, was für Schlachten in ihrem Inneren geschlagen werden. Das dem Laien am schwersten Verständliche... ist, daß die Kranken überaus häufig selber gar keine Ahnung davon besitzen, daß in ihrem Unbewußten der Bürgerkrieg ausgebrochen ist. Wenn man aber bedenkt, wie viele Menschen es gibt, die von sich selber nichts verstehen, so darf man sich nicht zu sehr verwundern, daß es auch solche gibt, die nichts von ihren wirklichen Konflikten ahnen«.[27]

Wie immer sich das Leiden manifestieren mag – depressiv, neurotisch, psychosomatisch oder als Sucht –, als tiefster Grund tobt im »Unbewußten der Bürgerkrieg«. Aber es herrscht oft finstere Ahnungslosigkeit über jene tiefere Wurzel des Übels, die meist mit Sinnverlust, Erstarrung, Verknöcherung, geistiger Unfruchtbarkeit und – in der zweiten Lebenshälfte – sehr oft mit einer tiefgehenden religiösen Entwurzelung zu tun hat.

Der tiefere Sinn des Krankseins

In seiner Tendenz zu finaler Betrachtungsweise, damit komplementär zur mehr kausal-deduktiven Denkweise Freuds, erkennt Jung als Wesensmerkmal der Krankheit ihren tieferen Sinn: wiederum ein Blickwinkel, der uns meist ungewohnt und fremd ist. Die Ärzte, oft gefangen im einäugigen apparativen Anvisieren von Organsymptomen, sollten sich vermehrt auf diese komplementäre Sicht einstellen, damit sie jene zweiäugige Anschauungsweise erlangen, die Medizintechnik zu Heilkunst erweitert.

Jungs geistiger Vorfahre Goethe, der in ›Dichtung und Wahrheit‹ schon seine erste Jugenderkrankung, eine lebensbedrohliche Lungenblutung, als »Verschwörung und Revolution« des Organismus und als Antwort auf sinnentfremdete, dem inneren Wachstumsgesetz feindliche Lebensweise bezeichnet, erkennt neben diesem psychosomatischen Kausalzusammenhang auch den tieferen Sinn der Krise, nämlich »das Ganze zu retten« und »einen geistigeren Menschen hervorzubringen«. Solche Erkenntnisse Goethes enthalten im Kern bereits die Jungsche Auffassung vom Sinn einer Krankheit: Sie will geistige Erneuerung, will »Werden der Persönlichkeit«. Wir können es mit Goethe als »Stirb und werde«, als »Metamorphose« oder aber mit Jung als »Etappe im Individuationsprozeß« benennen.

Final betrachtet ist die Krankheit für ihn ein Versuch der Natur, den Menschen zu heilen. Solche *Heilung* – im tiefsten Sinn des Wortes – ist *Wandlung*! Solche heilende »Gestaltung, Umgestaltung«, dieser Austausch des »steinernen Herzens« durch ein »fleischern Herz« (nach Ezechiel) ist nicht möglich ohne die Not des Leidens.²⁸

In diesem Sinn schreibt Jung: »Niemand entwickelt seine Persönlichkeit, weil ihm jemand gesagt hat, es wäre nützlich oder ratsam, es zu tun... Ohne Not verändert sich nichts, am wenigsten die menschliche Persönlichkeit. Sie ist ungeheuer konservativ, um nicht zu sagen inert. Nur schärfste Not vermag sie aufzuzugen. So gehorcht auch die Entwicklung der Persönlichkeit keinem Wunsch, keinem Befehl und keiner Einsicht, sondern nur der Not. Sie bedarf des motivierenden Zwanges innerer oder äußerer Schicksale.«²⁹

Solche sinnvollen Schicksale erkennt Jung auch in jenen Krankheiten, die den ganzen Menschen und damit seine Seele betreffen.

Uns modernen Ärzten, bis an die Zähne bewaffnet mit raffinierten Apparaten und einer fast maßlosen Fülle von Pharmazeutika, auch Psychopharmaka, steht es gut an, wenn wir bei gewissen Krankheiten behutsam und in selbstkritischer Vorsicht gegenüber spekulativen Entgleisungen *auch* die Frage nach ihrem Sinn wagen und so versuchen, einem in sich verstrickten Menschen zur Sinnerkenntnis seiner Krankheit zu verhelfen.

Der Symbolgehalt von Krankheiten

Solch ganzheitliches Bemühen erfordert Ausschau nach dem Symbolgehalt von Krankheiten.

Was der subtile Umgang mit Symbolen diagnostisch und therapeutisch vollbringen kann, ist im Beitrag von Verena Kast sowie in ihren Märcheninterpretationen aus tiefenpsychologischer Sicht[30] eindrücklich aufgezeigt.

Wir Schulmediziner, wohl auch die meisten Schulpsychiater, kommen hier in Bedrängnis. Die geheimnisvolle Fremdsprache der Symbolik haben wir in unserer Ausbildung nämlich nicht gelernt, obwohl nach Erich Fromm »die Symbolsprache die einzige Fremdsprache ist, die jeder lernen sollte«. Hier klafft eine Diskrepanz gegenüber jener geläufigeren Fremdsprachenkenntnis, die zu unserem akademischen Standard gehört – es sei denn, daß wir aus Dichtung, Philosophie, Archäologie, vergleichender Religionsgeschichte oder Tiefenpsychologie, das heißt aus »geisteswissenschaftlichen Tempeln«, etwas von der Symbol- und Bildersprache der Menschenseele gelernt haben.

Jung vertritt die Auffassung, daß »Symptome von Krankheiten in geradezu merkwürdiger Weise symbolische Bedeutung haben, auch wenn keinerlei psychologische Pathogenese vorliegt« und daß es ratsam sei, jede Krankheit *auch* von der psychologischen Seite her zu betrachten, weil dies für den Heilungsprozeß außerordentlich wichtig sein könne.[31]

Heilung im Verständnis von C. G. Jung

In unserer modernen Medizin herrschen Tendenzen, die Heilung einer Reparatur gleichzusetzen. Bei manchen Krankheiten ist dies berechtigt, bei anderen aber droht die rein äußerliche, dekorative Beseitigung eines Symptoms, zum Beispiel die »Amputation« neurotischer oder depressiver Symptome durch Psychopharmaka.

Unter Heilung verstehen moderne Ärzte meist restitutio ad integrum. Jung aber meint restitutio ad integritatem. Wie einem Paracelsus, einem Goethe oder Novalis sind ihm *Heilung* und *Heil* wesenhaft verwandt.

Der Urquell dieser ewigen Wahrheit sprudelt seit Jahrtausenden kristallklar und tief bewegend vor allem in der Bibel. In unserer heutigen Medizin ist dieser Quell in dem Maß am Versiegen, als wir das Religiöse aus unserer ärztlichen Tätigkeit verbannen.

Heilung jener Krankheiten, die den ganzen Menschen, also zentral auch seine Seele betreffen, fordern *Erweiterung* und *Umkehr*. Solche heil- und heilungbringende Wandlung setzt für Jung oft eine erschütternde numinose Erfahrung, einen tragfähigen religiösen Rückhalt voraus.

Dies gilt vor allem für den Heilungsprozeß bei depressivneurotisch oder psychosomatisch Kranken in der zweiten Lebenshälfte. So schreibt er: »Unter allen meinen Patienten jenseits der Lebensmitte... ist nicht ein einziger, dessen endgültiges Problem nicht das der religiösen Einstellung wäre..., und keiner ist wirklich geheilt, der seine religiöse Einstellung nicht wieder erreicht, was mit Konfession oder Zugehörigkeit zu einer Kirche natürlich nichts zu tun hat.«[32]

Solch ungewohnte Therapie- und Heilungsaspekte mögen uns Ärzte fremd, ja peinlich und suspekt anmuten, sind doch unsere Heiltechniken völlig anders ausgerichtet und bei vielen Krankheiten auch völlig genügend und erfolgreich. Aber auch in einem apparativ-technisch ausgerichteten Akutspital begegnen wir Spitalärzte bei wacher Hellhörigkeit immer wieder Patienten, die uns diese in unserer Medizin meist ausgeklammerte Frage nach verlorener und neu zu gewinnender religio aufwerfen. Es wäre ein fast revolutionärer Umbruch, wenn wir Ärzte in unserer hektischen Heilbetriebsamkeit – sei es in Klinik oder Praxis – auch noch die Zeit fänden, uns diesem meist vernachlässigten, aber oft wesentlichen Aspekt unserer Patienten zu öffnen.

Die Idee des Arztes bei C. G. Jung

Bekenntnishaft zieht sich durch Jungs Werk seine Idee des Arztes. Seine Auffassungen beziehen sich zwar vorzüglich auf den Psychotherapeuten, doch welcher – abgesehen vielleicht vom rein chirurgisch tätigen und interessierten – Arzt steht nicht täglich vor psychotherapeutischen Problemen, vorausgesetzt, er nimmt sie überhaupt wahr.

Die Hektik unseres ärztlichen Alltags, vor allem aber die verbreitete Abwehr und Ratlosigkeit gegenüber den seelischen Hintergründen des Krankseins sowie die allgemeine psychologische Unwissenheit führen allerdings dazu, daß psychotherapeutische Aspekte ausgeklammert oder a priori mit Psychopharmaka zugedeckt werden.

In Jungs Werk sowie in seinem gelebten Beispiel finden sich vor allem zwei für unsere moderne Medizin zentrale Gesichtspunkte: einerseits die grundsätzliche Bedeutung der Arztpersönlichkeit für den therapeutischen Prozeß, andererseits die für psychotherapeutisches Gelingen spezifisch geforderten ärztlichen Eigenschaften.

Die Bedeutung der Arztpersönlichkeit

Fragen wir zuerst nach der grundsätzlichen Rolle der Arztpersönlichkeit im therapeutischen Prozeß. Im wesentlichen bei somatischen Erkrankungen, zum Beispiel in der Chirurgie oder bei akuten Infekten, ist die fachspezifische Sicherheit, sind also Wissen und Können praktisch allein ausschlaggebend. Bei seelischen Leiden sowie bei allen Erkrankungen, die nicht nur ein reparaturbedürftiges Organ, sondern den ganzen Menschen betreffen, genügen Kenntnisse und Fertigkeiten nicht, sondern wird vielmehr die Persönlichkeit des Arztes zum entscheidenden Faktor.

Bei manchen Leiden fordert deshalb »die Persönlichkeit des Kranken nicht (nur, Anmerkung des Verfassers) technische Kunstgriffe auf den Plan, sondern die Persönlichkeit des Arztes«[33] – also nicht bloß sein Können und Wissen, seine Methode, Theorie und Doktrin, sondern ihn ganz, den Arzt ganz. Der psychotherapeutisch herausgeforderte Arzt muß »der lebendigen Ganzheit des Patienten mit seiner eigenen Persönlichkeit entgegentreten. Er ist das stärkste Agens der Therapie.« Vornehmste ärztliche Aufgabe ist »weniger Behandlung als vielmehr Entwicklung der im Patienten liegenden schöpferischen Keime«.[34]

Uralte Hippokratische Wahrheiten leuchten auf. Des Paracelsus – im technischen Heilbetrieb oft unterschätzter – »inwendig Artzt« im Patienten klingt an ebenso wie sein treffender Satz, daß der Arzt »das Mittel (ist), dadurch die Natur in das Werck gebracht wird«. Gemäß Paracelsus liegt diese Kunstübung »im Hertzen; (und) ist dein Hertz falsch, so ist auch der Artzt bei dir falsch«.[35]

Seit jeher, nicht erst seit Jung oder *Balint*[36], ist die Arztpersönlichkeit *die* »Arznei«, welche die »vis medicatrix naturae«, also den innewohnenden Arzt, »ins Werck« setzt – oder aber lähmt. Diese »Droge«, genannt Arzt, hat ihre geheimnisvolle Pharmakodynamik, aber auch ihre Toxikologie.

Die psychische Reaktion des Patienten auf den Arzt ist also ausschlaggebender Aspekt jeglicher Therapie, die persönliche Ausstrahlung des Therapeuten damit das heilende oder aber heilungshemmende Agens par excellence.

In einer Ära märchenhaft anmutender technischer Fortschritte und verblüffender pharmazeutischer Möglichkeiten, wo von außen her immer mehr machbar ist, werden diese scheinbar banalen, aber ganz zentralen Aspekte gerne vergessen. Solche Rückbesinnung an Paracelsische Urwahrheiten erinnert die moderne Heiltechnik an die ursprüngliche Forderung nach Heilkunst.[37]

»Die praktische Medizin«, sagt Jung, »ist und war immer eine Kunst... Wirkliche Kunst ist etwas Schöpferisches, und das Schöpferische ist jenseits aller Theorien..., nicht Theorien... allein, die schöpferische Persönlichkeit ist das Entscheidende.«[38] Der Arzt als schöpferische Persönlichkeit – welch hoher und schwer zu erreichender Anspruch!

Die geforderten ärztlichen Eigenschaften

Fragen wir nunmehr nach den prägenden und für psychotherapeutisches Gelingen ausschlaggebenden Merkmalen dieser schöpferischen Arztpersönlichkeit! Gefordert sind nach Jung zwei Prämissen: einerseits therapeutischer Eros, also compassio, misericordia, echte seelische Beziehung; andererseits – wie sonderbar, wie unbequem zu hören! – der »Blick ins eigene Innere«, also Introspektion, Bewußtmachung, man kann es auch Herzensbildung nennen.

Therapeutischer Eros, ärztliche compassio: Wie Paracelsus hat auch Jung die »Barmhertzigkeit als Schulmeister der Artzten« als allererste Voraussetzung für therapeutisches Gelingen nicht nur gepredigt, sondern auch vorgelebt. Derselbe Jung, der an jenen Menschen, zum Beispiel Arztkollegen, die seine Gedanken nicht verstanden, unwirsch und ungeduldig vorbei- und weitereilte, war gegenüber seinen Patienten von barmherziger Geduld und beseelt von jenem therapeutischen Eros, den Conrad Ferdinand Meyer ergreifend so ausspricht: »Je schwerer sich ein Menschensohn befreit, je mächt'ger rührt er unsere Menschlichkeit.«

Solche Menschlichkeit setzt umfassende Toleranz voraus, jenes »nil humanum a me alienum puto« (nichts Menschliches ist mir fremd) des Terenz. Solche Toleranz kennt kein Verurteilen oder moralisches Bewerten des Patienten, jene verbreitete, meist unbewußte Tendenz mancher Ärzte, die sich in Spitälern zum Beispiel in lieblosen Einträgen in Krankengeschichten und Diagnosenlisten niederschlägt.

»Will der Arzt die Seele eines anderen führen«, sagt Jung, »oder sie auch nur begleiten, muß er mit ihr Fühlung haben. Diese Fühlung kommt nie zustande, wenn der Arzt verurteilt; ob er das nun mit viel Worten laut tut oder unausgesprochen im Stillen, ändert nichts an der Wirkung.«[39] Und in einem seiner so spontanen Briefe schreibt er: »Man kann in der Medizin alle möglichen Methoden anwenden, ohne selber davon berührt zu sein. In der Psychologie (Psychotherapie) ist dies unmöglich; denn es handelt sich dort um die äquivalente dialektische Auseinandersetzung von zwei Persönlichkeiten. Vorlesungen halten, Vorschriften geben, Kenntnisse einpumpen, alle diese der Universität geläufigen Verfahrensweisen taugen hier gar nichts.«[40]

Für ihn ist therapeutischer Eros – eng verwandt mit dem Paracelsischen Begriff der ärztlichen virtus[41] – viel mehr als »eine Art von forschem oder väterlich-wohlwollendem Zureden, etwa... in Form der Überredung, daß das Symptom nur psychisch und darum eine krankhafte Einbildung sei«. Und er fordert vom Therapeuten, daß er seelisch bezogen als echt interessierter Fragender und als Antwortender zum Patienten in Beziehung tritt, »nicht mehr als Übergeordneter, Wissender, Richter und Ratgeber, sondern als ein Miterlebender, der ebensosehr im dialektischen Prozeß sich befindet wie der... sogenannte Patient«.[42]

Noch strenger, noch ungewohnter, ja fremder, trifft uns Jungs Forderung, daß wir als Ärzte immer fragen müssen, was für eine Botschaft der Patient uns selber bringt: »Was bedeutet er für mich? Wenn er (der Patient) nichts für mich bedeutet, habe ich keinen Angriffspunkt. Nur wo der Arzt selber betroffen ist, wirkt er. Nur der Verwundete heilt... Wo aber der Arzt einen Persona-Panzer hat, wirkt er nicht. Ich nehme meine Patienten ernst. Vielleich bin ich genauso vor ein Problem gestellt wie sie. Oft passiert es ja, daß der Patient gerade das richtige Pflaster für die schwache Stelle des Arztes ist.«[43]

Mancher Therapeut, mancher Arzt in Spital oder Praxis hat in einer Sternstunde echter menschlicher Begegnung mit dem Patienten fast paradoxerweise solche geheimnisvolle Wechselwirkung erfahren dürfen: Diesen geheimnisvollen Austausch, der einerseits dem Patienten Heilkraft bringt, andererseits aber dem Arzt gleichzeitig »das richtige Pflaster« an der eigenen schwachen Stelle auflegt.

Solange wir Ärzte und Therapeuten uns aber mit der unantastbaren Persona des allwissenden Gelehrten oder des »Heldentenors in Weiß« identifizieren, uns hinter der Maske unanfechtbarer, heiler Überlegenheit verschanzen, solange sind solche Wechselwirkungen für uns nicht nur inexistent, sondern schon die Andeutung ihrer grundsätzlichen Möglichkeit ist für uns völlig absurd und brüskierend, ein crimen laesae maiestatis (eine Majestätsverletzung)!

Außer compassio und misericordia fordert Jung vom psychotherapeutisch tätigen Arzt als unabdingbare Voraussetzung für therapeutische Überzeugungskraft die Kenntnis seiner eigenen Seele. Er verlangt also das schlechthin Schwierigste, den höchst unpopulären, den ebenso unzeitgemäßen wie unangenehmen »Blick ins eigene Innere«.

Von jedem Mediziner, der sich nicht darauf beschränken darf, »nur ein Eingeweide zu heilen, ohne sich des ganzen Menschen zu vergewissern«, verlangt Jungs Idee des Arztes Introspektion und eigene Bewußtseinserweiterung. Nicht nur vom Psychiater, Psychoanalytiker, sondern von jedem psychotherapeutisch tätigen Arzt oder Psychologen fordert er ernsthaftes Bemühen um die eigene Charakterbildung, und er rät uns dringend, weniger dem Patienten zu predigen und darüber nachzudenken, was für die anderen das Beste sei, sondern uns sorgfältig um die eigene Seele zu kümmern.

Ständig müsse der Arzt an der eigenen Selbsterziehung und Entwicklung arbeiten. Dazu gehöre die Bewußtmachung des eigenen Schattens, also der dunkeln und inferioren Aspekte der eigenen Persönlichkeit. Selbsterkenntnis sei für die Einfühlsamkeit des Therapeuten unabdingbar, denn wer sich selbst nicht verstehe, verstehe auch nicht den anderen.

Die »endoskopierfreudigen« Internisten würde Jung heute wohl auffordern, auch die eigene Arztseele eingehend zu »endoskopieren«. Diese Innenschau des eigenen Herzens – mit

Beleuchtung auch des eigenen Schattens! – prägt jenen zentralen Aspekt, der neben *Wissen* und *Können* das eigentliche Format des Arztes ausmacht, nämlich seine *Haltung*. Sie ist jenes ausschlaggebende ärztliche Zentrum, das weder durch Staatsexamina noch durch ausgeklügelte Spezialistenprüfungen getestet werden kann, das aber spätestens durch die Patienten schonungslos auf den Prüfstand gestellt wird.

Schon Jung beklagt, was uns heute mehr und mehr bedrängt, nämlich, daß wir in Wissen, Können und technischen Fertigkeiten stürmisch voraneilen, daß in dieser Einseitigkeit aber die wesentliche Prämisse unserer ethischen Haltung Schaden leidet: unsere Selbsterkenntnis, unsere eigene innere Entwicklung und Bewußtwerdung.

Angesichts solcher Diskrepanz, vor allem bei Gebildeten, seien es Theologen, Politiker oder Ärzte, schreibt Jung in einem denkwürdigen Memorandum an die UNESCO: »Das Unbewußte nimmt bei hochgebildeten Leuten... oft... unglaubliche Formen an, von... der verantwortungslosen Art, sich damit auseinanderzusetzen – oder vielmehr nicht auseinanderzusetzen – ganz zu schweigen... Unsere Einsicht und unsere Selbsterziehung haben mit dem sich ständig erweiternden äußeren Horizont nicht Schritt gehalten... Ein Mensch, dessen Herz nicht gewandelt ist, wird das Herz keines andern Menschen verändern. Unglücklicherweise ist unsere heutige Welt dazu geneigt, eine einfache und naheliegende Wahrheit wie diese herabzusetzen und ins Lächerliche zu ziehen, womit sie ihre eigene psychologische Unreife unter Beweis stellt...«[44]

Jung richtet also an jeden Therapeuten die äußerst anspruchsvolle, gerade in der modernen Medizin mit ihrem »äußerlich Zerstreuen« immer schwierigere, ja peinliche Forderung nach »innerem Erneuen«. Er sieht in dieser Innenschau und Innerlichkeit des Arztes geradezu eine moralische Verpflichtung.

Im Grunde genommen ist dieses Postulat nichts Neues, sondern lediglich die aktuelle, zeitgemäße Formulierung jenes uralten ethischen Imperativs, den die großen Denker der Menschheit aller Kulturen und aller Zeiten tauben Ohren und kalten Herzen predigen, zum Beispiel Paracelsus, oder aber Friedrich Nietzsche mit seiner auch heute noch bedrängenden

Frage: »Denn wo sind Ärzte der modernen Menschheit, die selber so fest und gesund auf ihren Füßen stehen, daß sie einen anderen noch halten und an der Hand führen könnten?«[45]

Dank Introspektion und Selbsterkenntnis »selber fest und gesund auf den Füßen stehen«: Welch sonderbare, peinlich-pastorale Kanzelforderung an die vielbeschäftigten, fachlich und administrativ schon übermäßig geforderten Ärzte! Muß man das, kann man das ernst nehmen? Ist eine so hochgestellte Idealvorstellung des Arztes in der heutigen Medizin mit ihren harten, wirtschaftlich-pragmatischen Forderungen nicht allzu naiv und utopisch, unverbindliche, humanistisch-sentimentale Phrase, unbrauchbar für den modernen ärztlichen Alltag, dessen harte wirtschaftliche Forderungen schöngeistigen Zuckerguß rasch wegschmelzen?

Diese resignierten Fragen und Einschränkungen sind einfühlbar, sind verständlich. Und dennoch – trotz schmerzlicher Diskrepanz zwischen hohem Postulat und ernüchternder Realität – gibt es Ärzte, die der virtus eines Paracelsus oder C. G. Jung verpflichtet sind.

Diese Ärzte in Spital und Praxis, vor allem jene wandlungswillige Vorhut unserer medizinischen Jugend, haben gemerkt, daß es ohne Selbsterkenntnis nicht möglich ist, den Mitmenschen, den Patienten zu verstehen. Trotz administrativer und wissenschaftlicher Inanspruchnahme bemühen sie sich, ihre eigene emotionale Sensibilität zu kultivieren, zum Beispiel in Balint-Gruppen. Sorgfältige Introspektion und Beachtung der eigenen Emotionalität öffnen in diesen Ärzten ein reiches therapeutisches Potential und führen sie zu einer neuen Kultur sowohl des Hinhörens als auch ihrer ärztlichen Sprache. Sie wissen, daß ein liebevoll engagiertes, einfühlsames und behutsames Gespräch allein schon Wunder wirken kann und dem raschen Griff zum Rezepturblatt weit überlegen ist.

Eine von der Jungschen Idee des Arztes inspirierte Medizin darf Wesen und Wert des Arztes nicht allein im äußerlich-juristischen Sinn wahrnehmen, das heißt aufgrund bestandener Examina, Facharztdiplome, wissenschaftlicher Auszeichnungen sowie akademischer Titel und Ehrungen, sondern vielmehr in einem tieferen Verständnis, nämlich aufgrund seiner menschlichen Kompetenz und Haltung, seiner inneren Entwicklung, seiner Herzensbildung, seiner ärztlichen virtus, seiner Barmherzigkeit und damit seiner Fähigkeit des therapeuein, im ursprünglichen Wortsinn des Dienens an einem, der mich ruft.

Ohne Zweifel ist diese hohe und anspruchsvolle Auffassung des Arztes bei C. G. Jung ein Idealbild, und es bleibt dieser »Archetyp des Heilers« für uns ein fernes Ziel – auch bei »strebendem Bemühen«.

Eine Renaissance dieser im Grunde genommen uralten Idee des Arztes, die vor allem in unserer medizinischen Jugend bereits spürbar aufkeimt und sich mutig behauptet, wird beitragen zu einer Wende in der Medizin.[46]

C. G. Jungs Beitrag zur Zeitenwende und zur Wende in der Medizin

Wenn Jung auch oft von zeitpessimistischen Gefühlen und Gedanken heimgesucht war, so hat er sich doch immer wieder zu Martin Luthers Motto durchgerungen: »Wenn morgen die Welt untergeht, pflanze ich heute einen Baum.« Dieser Baum ist gewachsen und trägt reiche Frucht.

Eine dieser Früchte ist Jungs trotzig-optimistische Vision einer grundlegenden Zeitenwende, ist sein hoffnungsvoller Ausblick auf das einundzwanzigste Jahrhundert als ein integrativ-anthropologisches Zeitalter.

Wissenschaft und Kultur solcher »Wendezeit« wären durch folgende Wandlungen geprägt: durch die Fähigkeit zu ganzheitlicher Anschauung und Synthese, durch Integration weiblicher Werte in die Welt des männlichen Logos sowie durch Gleichgewicht zwischen rational und irrational, bewußt und unbewußt, ratio und emotio.

Eine in diesem Geist gewandelte Medizin von morgen müßte – als Voraussetzung und nicht ohne Erschrecken – ihren Schatten wahrnehmen. Sie dürfte sich nicht länger allein mit ihrer glanzvollen Seite identifizieren, jenen phänomenalen Fortschritten im Sektor des Männlich-Rationalen und des Naturwissenschaftlich-Technischen, sondern vermehrt müßte sie auch die vernachlässigten Gegenpole und Gegenbedürfnisse berücksichtigen.

In diesem Wandlungsprozeß müßte die moderne Medizin die Annäherung von vier Polaritäten anstreben: die Synthese von rational und irrational, männlich und weiblich, Naturwissenschaft und Geisteswissenschaft, Technik und Humanität. Diesen vier Aspekten von Gegensatzversöhnung wollen wir uns zuwenden.

Synthese von rational und irrational

Niemand wird in Abrede stellen, daß die Ärzte heutzutage schon im Gymnasium, später im Medizinstudium sowie auch in der Weiterbildung sehr rational geprägt werden. So gescheit und vielwissend werden sie gemacht, daß sie den irrationalen, den intuitiv-emotionalen Gegenpol zwangsläufig mehr oder weniger vernachlässigen.

Unsere heutige Medizin, der ich angehöre, zu der ich mich bekenne und die ich trotz ihrer Einseitigkeiten und Krisenaspekte liebe, schult zum *Heiltechniker*. Sie vermittelt wenig vom Archetypus des Arztes[47], der im Patienten den ganzen Menschen erkennt, erfühlt, versteht und annimmt.

Vielmehr bildet unsere ratio-stolze, moderne Medizin in uns jenen »gelehrten Herrn« heran, den Mephistos Richterspruch zynisch kennzeichnet:

»Daran erkenn ich den gelehrten Herrn!
Was ihr nicht tastet, steht euch meilenfern,
Was ihr nicht faßt, das fehlt euch ganz und gar,
Was ihr nicht rechnet, glaubt ihr, sei nicht wahr,
Was ihr nicht wägt, hat für euch kein Gewicht,
Was ihr nicht münzt, das, meint ihr, gelte nicht!«[48]

Komplementär zum wissenschaftlichen Intellektualismus und zur rational-pragmatischen Zielstrebigkeit dieses »gelehrten Herrn« hat Jung beharrlich auf den irrationalen Gegenpol aufmerksam gemacht.

Die zwei komplementären Pole, die in einer integrativen Medizin von morgen zu harmonischer Ergänzung gelangen sollten, hat der Physiker und Nobelpreisträger Wolfgang Pauli, ein Freund und Geistesgenosse Jungs, prägnant formuliert. Er unterscheidet zwei Grundhaltungen: »die kritisch-rationale, verstehen wollende« einerseits, »die mystisch-irrationale, das Einheitserlebnis suchende« andererseits[49]. Beide Einstellungen – gegensätzlich und ergänzend zugleich – sind in der Menschenseele angelegt: die eine vielleicht nur keimhaft oder infolge einseitiger Ausbildung und Erziehung verkümmert.

Der von Mephisto apostrophierte »gelehrte Herr«, den wir Ärzte alle hie und da, mehr oder weniger verkörpern, entspricht einer einseitig-kritischen, rationalen Grundhaltung mit verkümmerten Wahrnehmungsorganen für alles Irrationale.

Wie Wagner im ›Faust‹ hat er »mit Eifer... sich der Studien beflissen«, zwar »weiß er viel, doch möcht' er alles wissen«. Der komplementäre irrationale Gegenpol ist ihm verdächtig, fremd, ebenso die Sehnsucht nach dem Sinn und tieferen Zusammenhängen.

Für den »gelehrten Herrn« ist es Salonblödsinn, jenes tiefgründige Goethe-Wort, welches nicht nur dieses Dichters Welt- und Naturverständnis, sondern auch den zentralen Kern Jungscher Anschauung sowie das Wesen ganzheitlicher Medizin und psychosomatischer Betrachtungsweise genial verdichtet:

> »Müsset im Naturbetrachten,
> Immer eins wie alles achten:
> Nichts ist drinnen, nichts ist draußen;
> Denn was innen, das ist außen.
> So ergreifet ohne Säumnis
> Heilig öffentlich Geheimnis.«[50]

Dieses »heilig öffentlich Geheimnis« kann der »gelehrte Herr« in uns Ärzten nicht ergreifen, nicht verstehen. Zwar ist er fähig zu brauchbarer Medizintechnik, denn dank seiner kritisch-rationalen Fähigkeiten achtet und pflegt er gewissenhaft das »Draußen«: durch Beobachten, Rechnen, Messen und Analysieren. Das »Drinnen« sowie all die Verknüpfungen und Entsprechungen von Innen und Außen, damit auch eine integrative psychosomatische Betrachtungsweise, sind ihm gleichgültig oder bleiben ihm verwehrt. Denn die Zusammenhänge zwischen Innen und Außen werden vorwiegend irrational-intuitiv wahrgenommen.

Im Ausblick auf jenen neuen Zeit- und Medizingeist, den

Jung uns vorzeichnet, ist es ermutigend, daß unter modernen Ärzten und Naturwissenschaftlern auch rational-wissenschaftlich hervorragendste Geister sich diesem komplementären irrationalen Bereich mit Mut und Ernst öffnen! Es seien unter den Ärzten Sigmund Freud, Karl Jaspers, Arthur Jores, Viktor von Weizsäcker, Hans Schaefer und Heinrich Schipperges, unter den Physikern und Biologen Albert Einstein, Werner Heisenberg, Carl Friedrich von Weizsäcker, Walter Heitler, Wolfgang Pauli, Adolf Portmann, Fritjof Capra, Herbert Pietschmann, Erwin Chargaff erwähnt. Sie alle stellen dem rational-wissenschaftlichen Streben ein irrationales Bedürfnis als ebenbürtig zur Seite. Für sie alle, die geistes- oder naturwissenschaftliche Pionierleistungen ersten Ranges vollbracht haben, existiert und wirkt Mächtiges und Wesenhaftes, das wir rational bei aller methodischen Genauigkeit nicht fassen können.

Dieses Mächtige und Wesenhafte entstammt jener geheimnisvollen »Wirklichkeit der Seele«, um welche die moderne Schulmedizin bisher gerne einen weiten Bogen gemacht hat, mit der sich aber eine im Jungschen Geist gewandelte Medizin von morgen ernsthaft auseinandersetzen muß.

Synthese von männlich und weiblich

Die Versöhnung von rational und irrational erfordert die Annäherung unserer betont patriarchalen Medizin an matriarchale Werte.[51] Yin und Yang müssen zu Harmonie gelangen. Männlicher Logos, das heißt rational-sachbezogenes Fachinteresse, bedarf einer Erweiterung durch weiblichen Eros, durch jene gefühlvolle seelische Beziehung, die das Tor zum Irrationalen öffnet.

Neben männlicher Ratio muß gleichberechtigt geistige Mütterlichkeit walten, die Weisheit liebender Bezogenheit und jene tiefere Wahrnehmung des Herzens, die das Ganze, die den Sinn sucht und die unsere aus männlich-wissenschaftlicher Analyse gewonnenen Einzelkenntnisse in größere Zusammenhänge stellt.

Ärztinnen, Krankenschwestern und andere in medizinischen Berufen tätige Frauen werden zu dieser Metanoia unserer Medizin im Sinne Jungs beitragen müssen. Mögen sie alle vermehrt den Mut haben, in unserer männlich-rationalen Medizin an ihrer weiblichen Seele festzuhalten und sich dem überschätzten sondernden Intellekt nicht übermäßig unterzuordnen. Mögen sie anstelle zunehmender Vermännlichung unbeirrt geistige Mütterlichkeit und die Weisheit liebender Bezogenheit entfalten.

Im medizinischen Beruf tätige Frauen, die ihrer weiblichen Eigenart treu sind, fördern ausschlaggebend die Gesundung unserer Heilkunde. Uns Männer, uns Ärzte und Akademiker kann ein erwachender weiblicher Geist nur anspornen und inspirieren, in uns selber ein uns oft mangelndes Stück Weiblichkeit und damit mehr Gefühl zu entwickeln. Dies bedeutet Öffnung zum Emotionalen und Irrationalen, dadurch mehr Begabung zu jener integrativen Medizin, die Jung immer wieder anspricht.

Solche Erweiterung fordert kein sacrificium intellectus, keine Preisgabe kritisch-analytischer Ratio. Vielmehr um Synthese geht es, um Horizonterweiterung vom *einäugigen Anvisieren* – des kranken Organes – zur *binokularen Übersicht* und Anschauung – des ganzen Menschen –, um jene menschlichere, nicht mehr allein patriarchale, sondern *androgyne* Medizin von morgen, die es nicht nur hoch im Kopf, vielmehr auch tief im Herzen hat.

Aufblühen und mutiges Sich-Behaupten matriarchaler Gefühlswerte – nicht nur in Frauen, sondern auch in Männern! – ist in der Auffassung und Vorwegnahme Jungs das Notwendige, das rettende Merkmal des kommenden Jahrhunderts, das trotz düsterer Prognosen nicht zwangsläufig technokratisch und atomar-apokalyptisch verlaufen muß, sondern das vielleicht anthropologisch-integrativ geprägt sein könnte.

Annäherung von Naturwissenschaft und Geisteswissenschaft

In einer androgynen Medizin im Sinne Jungs ist auch die Versöhnung von zwei weiteren Gegensatzpolen gefordert, nämlich die Annäherung von Naturwissenschaft und Geisteswissenschaft.

Für die künftige Medizin würde dies bedeuten, daß sie sich nicht nur als »Schwester der Biologie« (Kußmaul)[52] betrachtet, sondern sich auch schwesterlich den Geisteswissenschaften, vorab der Philosophie sowie auch der Psychosomatik zuwendet; daß sie sich nicht allein als angewandte Naturwissenschaft versteht, sondern ebensosehr, wie Thomas Mann es nannte, als »Spielart humanistischer Wissenschaft«[53].

Jene Medizin, die im neunzehnten Jahrhundert ihre Wissenschaftlichkeit zurückerobert hat, indem sie die Naturwissenschaften als richtunggebenden Maßstab wählte, würde nun berücksichtigen, daß sie zusätzlich auch anderer Normen bedarf: geisteswissenschaftlicher Normen.

Im erhofften integrativen Zeitalter des einundzwanzigsten Jahrhunderts müßten die Sciences humaines wieder Einzug in die Medizin halten. Diese Synthese zwischen Naturwissenschaft und Geisteswissenschaft würde schon in der Mittelschule vermehrt gepflegt, im Medizinstudium selber von Anfang an und studienbegleitend bis zum Staatsexamen angestrebt werden.

Diese erweiterte Medizin darf sich nicht nur auf vertrauten Geleisen des Fortschritts stürmisch weiterbewegen, sich nicht allein in ebenso faszinierende wie gefährliche molekularbiologische und gentechnologische Abenteuer begeben; auch ein anderes, ebenso begeisterndes Abenteuer muß sie wagen: Sie sollte – mehr als ein halbes Jahrhundert nach der Entdeckung und empirischen Beschreibung des Unbewußten durch Freud und Jung – diese epochale Entdeckung endlich nutzen und der Erforschung der Seele, jener Wissenschaft, die uns am notwendigsten wäre, mehr Einsatz und Sorgfalt entgegenbringen. Die wissenschaftliche Erweiterung und Verfeinerung der tiefenpsychologischen Entdeckungen und Methoden dürfte nicht – wie bis heute – fast ausschließlich außerhalb der Medizin, sondern müßte auch innerhalb derselben erfolgen.

Die Psychosomatik als jene medizinische Disziplin, welche die scheinbaren Polaritäten von Körper und Seele als komplementäre Aspekte einer Ganzheit erkennt, müßte vermehrt ins Zentrum unserer medizinischen Bemühungen rücken. Ernsthafter müßte die Seele als krankheitserregender Faktor, aber auch als heilungsbringendes Element berücksichtigt werden.

In der Ausbildung und Erziehung zum Arzt dürften wir uns – an der Universität und in den Spitälern – nicht mehr einseitig darauf beschränken, Spezialwissen einzutrichtern. Vielmehr müßten wir Studenten und Ärzte vermehrt interdisziplinär ausbilden, ihr Fachwissen stärker mit Erkenntnissen aus anderen

Wissenszweigen verknüpfen, sie für psychologische und ethische Aspekte sowie für fachübergreifende Zusammenhänge sensibilisieren und versuchen, ihnen die Tiefendimension des menschlichen Seins aufzuschließen. Die Universität müßte sich also – auch im Medizinstudium – vermehrt auf die universelle Bildung und Erziehung rückbesinnen.

Eine im Sinne Jungs erweiterte, entsprechend ganzheitlichere Schulmedizin wird mehr und mehr die Grenzpfähle ihres Fachwissens überschreiten – ohne dieses Fachwissen und seine Pflege zu vernachlässigen! Solches Hinaustreten aus dem »elfenbeinernen Turm« erfordert Abbau von Vorurteilen wie Aburteilen und ängstliches Ablehnen des fremden Standpunktes ohne vorheriges ernsthaftes Studium desselben.

Intensiver und freundschaftlicher wird sich eine gewandelte Heilkunde auf den lebendigen, befruchtenden Zusammenhang mit der Weite und Mannigfaltigkeit anderer, scheinbar fremder Gesichtspunkte einlassen.

Versöhnung von Technik und Humanität

Eine vom Geist und Denken Jungs inspirierte Medizin wird schließlich die Gegensatzpole von Technik und Humanität in Einklang bringen. Dann wären die faculties of medicine auch faculties of humanities, die Abteilungen für Innere Medizin nicht nur gigantische, computerisierte labor-, apparatur- und chemiebezogene Dienstleistungsbetriebe, sondern – wie sentimental dies heute noch klingen mag – gleichzeitig Abteilungen für eine »Innerliche Medizin«[54].

Eine derart gewandelte Medizin würde sich vermehrt auf die Dimension des Nicht-Machbaren sowie jene des Religiösen einlassen. Ihr Streben würde sie demütiger sub specie aeternatis stellen und weniger einseitig unter den beschränkten Blickwinkel ehrgeiziger, ephemerer Fortschrittlichkeit, akademischen Ehrgeizes und wirtschaftlich-merkantiler Tendenzen.

Sie würde sich auch zu einem umfassenderen Fortschrittsverständnis durchringen. Weniger einseitig würde sie alle ihre Energien dem technologischen Imperativ opfern. Weniger verbissen würde sie sich auf technisch-apparative, kostspielige Spitzenleistungen konzentrieren. Vielmehr würde sie berücksichtigen, daß wir im Zeitalter der chronisch Kranken mit ihren »selbstgestrickten Krankheiten« leben, in einer Ära der Depressiven, der Neurotischen, der psychosomatisch Kranken, das heißt der Heerschar jener Patienten, denen medizinisch-technische Errungenschaften wenig, menschliche Zuwendung des Arztes und der Pflegenden aber sehr viel bringen.[55]

Eine derart gewandelte Medizin wird auf einen umfassenden sinnvollen Einsatz der Technik und auf ihre Weiterentwicklung nicht verzichten. Sie wird sich aber vermehrt um eine menschliche Durchdringung der Technik durch ethische Vertiefung bemühen, entsprechend jenem erstaunlich prophetischen Postulat von Novalis: »Wenn die Menschen *einen* Schritt vorwärts tun wollen zur Beherrschung der äußeren Natur durch... die Technik, dann müssen sie vorher *drei* Schritte der ethischen Vertiefung nach innen getan haben.«[56]

Drei Schritte der ethischen Vertiefung nach innen! C. G. Jung hat uns eine Wegspur aufgezeigt. Er hat unserer Medizin von morgen die notwendige Richtung gewiesen.

Anmerkungen

Die Literaturangaben aus dem Gesamtwerk Carl Gustav Jungs beziehen sich auf die Ausgabe der ›Gesammelten Werke‹ im Walter-Verlag, Olten und Freiburg im Breisgau 1971–83 (insgesamt neunzehn Bände); im folgenden mit »GW« abgekürzt. Jungs Briefe werden nach der von Aniela Jaffé herausgegebenen dreibändigen Ausgabe ›Briefe 1906–1961‹, Olten and Freiburg im Breisgau 1972/73, zitiert und im folgenden bezeichnet als »Briefe«.

Vorwort

1 C. G. Jung: Briefe, Bd. 3, S. 380.

Helmut Barz: Grundzüge der Psychologie C. G. Jungs

1 C. G. Jung: Briefe, Bd. 2, S. 9.
2 Ebd., S. 284.
3 Erinnerungen, Träume, Gedanken von C. G. Jung, aufgezeichnet und herausgegeben von A. Jaffé, Zürich und Stuttgart 1962, S. 354.
4 Ebd., S. 155.
5 C. G. Jung: Theoretische Überlegungen zum Wesen des Psychischen, GW 8, S. 249.
6 C. G. Jung: Aion. Beiträge zur Symbolik des Selbst, GW 9/II, S. 42 f.
7 C. G. Jung: Analytische Psychologie und dichterisches Kunstwerk, GW 15, S. 89.
8 C. G. Jung: Theoretische Überlegungen zum Wesen des Psychischen, GW 8, S. 248.
9 Zitiert nach A. Jaffé: Aus Leben und Werkstatt von C. G. Jung, Zürich und Stuttgart 1968, S. 104.
10 C. G. Jung: Psychologische Typologie, GW 6, S. 596.
11 Ebd., S. 595.
12 Ebd., S. 599.
13 Ich benutze im folgenden Abschnitt und auch später gelegentlich Formulierungen aus meinem Buch ›Vom Wesen der Seele‹, Stuttgart 1979.
14 Erinnerungen, Träume, Gedanken von C. G. Jung, aufgezeichnet und herausgegeben von A. Jaffé, Zürich und Stuttgart 1962, S. 192.
15 Ebd., S. 196.
16 J. W. Goethe: Goethes Gespräche, Zürich 1949, S. 598.
17 C. G. Jung: Versuch einer psychologischen Deutung des Trinitätsdogmas, GW 11, S. 163.
18 C. G. Jung: Über die Energetik der Seele, GW 8, S. 63.
19 C. G. Jung: Theoretische Überlegungen zum Wesen des Psychischen, GW 8, S. 243.

20 C. G. Jung: Die Beziehungen zwischen dem Ich und dem Unbewußten, GW 7, S. 173.
21 C. G. Jung: Definitionen, in: Psychologische Typen, GW 6, S. 505.
22 C. G. Jung: Die Beziehungen zwischen dem Ich und dem Unbewußten, GW 7, S. 191.
23 C. G. Jung: Gut und Böse in der Analytischen Psychologie, GW 11, S. 675. Vgl. auch Helmut Barz: Selbst-Erfahrung. Tiefenpsychologie und christlicher Glaube, Stuttgart ³1981.
24 Vgl. hierzu Helmut Barz: Männersache. Kritischer Beifall für den Feminismus, Zürich ²1985.
25 C. G. Jung: Theoretische Überlegungen zum Wesen des Psychischen, GW 8, S. 258.
26 C. G. Jung: Der Begriff des kollektiven Unbewußten, GW 9/I, S. 61.

Verena Kast: Die Bedeutung der Symbole im therapeutischen Prozeß

1 C. G. Jung: Psychologische Typen, GW 6, S. 515.
2 Ebd., S. 499.
3 C. G. Jung: Zur Psychologie des Kinderarchetypus, GW 9/I, S. 168 f.
4 C. G. Jung: Briefe, Bd. 3, S. 14.
5 C. G. Jung: Praxis der Psychotherapie, GW 16, S. 49.
6 C. G. Jung: Die transzendente Funktion, GW 8, S. 91.
7 Ebd., S. 99.
8 E. Landau: Kreatives Erleben, München und Basel 1984.
9 C. G. Jung: Die transzendente Funktion, GW 8, S. 102.
10 I. Bachmann: Malina, Frankfurt am Main 1971, S. 235.
11 P. Watzlawick: Lösungen, Bern 1974, S. 114.
12 Ebd., S. 42.
13 C. G. Jung: Die transzendente Funktion, GW 8, S. 91.
14 C. G. Jung: Die Probleme der modernen Psychotherapie, GW 16, S. 60 f.
15 C. G. Jung: Der gefühlsbetonte Komplex und seine allgemeinen Wirkungen auf die Psyche, in: Psychogenese der Geisteskrankheiten, Zürich 1967.
16 C. G. Jung: Die Dynamik des Unbewußten, GW 8, S. 38.
17 C. G. Jung: Zur Psychologie des Kinderarchetypus, GW 9/I, S. 186.
18 C. G. Jung: Mysterium Conjunctionis, GW 14.
19 Vgl. M. Jacoby, V. Kast, I. Riedel: Das Böse im Märchen, Stuttgart 1978. Sowie V. Kast: Märchen als Therapie, München 1989.
20 V. Kast: Wege aus Angst und Symbiose, München 1987.
21 C. G. Jung: Die transzendente Funktion, GW 8, S. 95 f.
22 C. G. Jung: Zur Psychologie des Kinderarchetypus, GW 9/I, S. 186.
23 Vgl. Th. von Uexküll und W. Wesiack: Wissenschaftstheorie und psychosomatische Medizin. Ein bio-psycho-soziales Modell, in: Psychosomatische Medizin, hrsg. v. Rof/Adler, o. O. 1986.
24 C. G. Jung: Praxis der Psychotherapie, GW 16, S. 249.
25 Vorwort in R. Wilhelm: Die goldene Blüte, Zürich 1929.
26 C. G. Jung: Zum psychologischen Aspekt der Korefigur, GW 9/I, S. 206 f.
27 C. G. Jung: Briefe, Bd. 2, S. 76.

28 Ebd., S. 195.
29 M. L. von Franz: Die Aktive Imagination in der Psychologie C. G. Jungs, in: Meditation in Religion und Psychotherapie, hrsg. v. W. Bitter, München 1967, S. 124–134.
30 C. G. Jung: Briefe, Bd. 1., S. 146.

Frank Nager: C. G. Jung und die moderne Medizin

1 K. Jaspers: Der Arzt im technischen Zeitalter, in: Wahrheit und Bewährung, München 1983.
2 C. G. Jung: Das Ich und das Unbewußte, GW 7, S. 223.
3 F. Nager: Goethe und die Medizin, in: Schweizerische Ärztezeitung 63, 1982, S. 2309.
4 C. G. Jung: zitiert in C. G. Jung im Gespräch, Zürich 1986.
5 C. G. Jung: »Religion und Psychologie«. Eine Antwort auf Martin Buber, GW 18/II, S. 711.
6 K. Schmid: Genie der Erfahrung, in: Das Genaue und das Mächtige, Zürich und München 1977, S. 191.
7 C. G. Jung: Epilog zu »L'homme à la découverte de son âme«, GW 18/II, S. 630.
8 A. Jaffé: C. G. Jung in Wort und Bild, Olten und Freiburg im Breisgau 1977.
9 C. G. Jung: Symbolik des Geistes, Zürich 1948, S. 148.
10 C. G. Jung: Briefe, Bd. 1, S. 496.
11 C. G. Jung: Die Frau in Europa, GW 10, S. 136.
12 C. G. Jung: Briefe, Bd. 1, S. 183.
13 C. G. Jung: Symbole der Wandlung, GW 5, S. 365.
14 E. Harding: Der Weg der Frau, Zürich 1962.
15 E. Neumann: Die Große Mutter. Eine Phänomenologie der weiblichen Gestaltungen des Unbewußten, Olten und Freiburg im Breisgau ³1978.
16 J. de Castillejo: Die Töchter der Penelope. Elemente des Weiblichen, Olten und Freiburg im Breisgau 1979.
17 H. Barz: Männersache. Kritischer Beifall für den Feminismus, Zürich ²1985.
18 F. Capra: Wendezeit, Bern, München, Wien ⁸1984.
19 H. Pietschmann: Das Ende des naturwissenschaftlichen Zeitalters, Wien 1980.
20 Novalis (Friedrich von Hardenberg): zitiert in Stefan Zweig: Die Heilung durch den Geist, Frankfurt am Main 1985, S. 332.
21 C. G. Jung: Psychologie und Alchemie, o. O. ²1952, S. 148.
22 C. G. Jung: Briefe, Bd. 3, S. 33.
23 C. G. Jung: Techniken für einen dem Weltfrieden dienlichen Einstellungswandel, GW 18/II, S. 653.
24 C. G. Jung: Zur Phänomenologie des Geistes im Märchen, GW 9/I, S. 269.
25 C. G. Jung: Briefe, Bd. 3, S. 357.
26 C. G. Jung: Zur gegenwärtigen Lage der Psychotherapie, GW 10, S. 192.

27 C. G. Jung: Mensch und Seele, aus dem Gesamtwerk 1905–1961 ausgewählt und herausgegeben von Jolande Jacobi, Olten und Freiburg im Breisgau 1971.
28 F. Nager: Das Herz als Symbol, in: Schweizerische Ärztezeitung 51, 1985.
29 C. G. Jung: Vom Werden der Persönlichkeit, GW 17, S. 197.
30 V. Kast: Märchen als Therapie, München 1989.
 V. Kast: Mann und Frau im Märchen, München 1987.
31 C. G. Jung: Briefe, Bd. 2, S. 38.
32 C. G. Jung: Zur Psychologie westlicher und östlicher Religion, GW 11, S. 362.
33 C. G. Jung: Zur gegenwärtigen Lage der Psychotherapie, GW 10, S. 184.
34 C. G. Jung: Praxis der Psychotherapie, GW 16, S. 44.
35 Paracelsus: zitiert in C. G. Jung: Paracelsica, Paracelsus als Arzt, Zürich, 1942, S. 40.
36 M. Balint: Der Arzt, sein Patient und die Krankheit, Stuttgart 1957.
37 H. Schipperges: Der Arzt von morgen. Von der Heiltechnik zur Heilkunde, Berlin 1982.
38 C. G. Jung: Mensch und Seele, aus dem Gesamtwerk 1905–1961 ausgewählt und herausgegeben von Jolande Jacobi, Olten und Freiburg im Breisgau 1971, S. 107.
39 Ebd., S. 113.
40 C. G. Jung: Briefe, Bd. 3, S. 284.
41 Paracelsus: zitiert in H. Fischer: Arzt und Humanismus, Zürich 1962, S. 199.
42 C. G. Jung: Praxis der Psychotherapie, GW 16, S. 7.
43 Erinnerungen, Träume, Gedanken von C. G. Jung, aufgezeichnet und herausgegeben von A. Jaffé, Zürich und Stuttgart 1962, S. 139.
44 C. G. Jung: Techniken für einen dem Weltfrieden dienlichen Einstellungswandel, GW 18/II, S. 653.
45 H. Schipperges: Der Arzt von morgen. Von der Heiltechnik zur Heilkunde, Berlin 1982.
46 F. Nager: Wende in der Medizin, in: Schweizerische Ärztezeitung 66, 1985.
47 H. Barz: Die Bedeutung tiefenpsychologischer Grundbegriffe für die psychosomatische Medizin, in: Schweizerische Medizinische Wochenschrift 114, 1984, S. 1810.
48 J. W. Goethe: Faust, 2. Teil, 1. Akt, Verse 4917–4922, Zürich 1950.
49 Zitiert in K. Schmid: Die komplementäre Wirklichkeit des Wissenschaftlers, Zürich 1974.
50 J. W. Goethe: Epirrhema, Gedenkausgabe der Werke, Briefe und Gespräche, Bd. 1, Zürich 1950, S. 519.
51 F. Nager: Zwiespalt und Wandlung des Arztes, in: Schweizerische Ärztezeitung 65, 1984, S. 106.
52 A. Kußmaul: zitiert in Ch. Lichtenthaeler: Geschichte der Medizin, Köln ³1982, S. 579.
53 Th. Mann: Vom Geist der Medizin, in: Das essayistische Werk, Taschenbuchausgabe in acht Bänden, hrsg. v. Hans Bürgin, Bd. 7: Autobiographisches, Frankfurt am Main, 1968, S. 106.

54 F. Nager: Zwiespalt und Wandlung des Arztes, in: Schweizerische Ärztezeitung 65, 1984, S. 106.
55 F. Nager: Medizinische Technik – Ärztlicher Zwiespalt, in: Schweizerische Ärztezeitung 67, 1986, S. 1625 ff.
56 Novalis (Friedrich von Hardenberg): zitiert in H. Schipperges: Die Zukunft der Medizin, in: Schweizerische Ärztezeitung 63, 1982, S. 59.

Kulturgeschichte bei Artemis & Winkler

Helmut Barz
Die zwei Gesichter der Wirklichkeit
oder auf der Suche nach den Göttern.
1989. 170 S.

Robert Burton
Anatomie der Melancholie
Über die Allgegenwart der Schwermut, ihre Ursachen und Symptome sowie die Kunst, es mit ihr auszuhalten.
Aus dem Englischen übertragen und mit einem Nachwort versehen von U. Horstmann. 3. Aufl. 1990. 352 S., mit einem Frontispiz.

Iso Camartin
– Karambolagen
Geschichten und Glossen. 1990. 224 S.
– Lob der Verführung
Essays über die Nachgiebigkeit.
2. Aufl. 1990. 220 S.

Der codierte Leib
Zur Zukunft der genetischen Vergangenheit. Herausgegeben von A. Schuller und N. Heim. 1989. 320 S., mit Literaturverzeichnis und Glossar.

Joseph Campbell
Die Kraft der Mythen
Bilder der Seele im Leben des Menschen. In Zusammenarbeit mit B. Moyers. Aus dem Amerikanischen von H.-U. Möhring. 1989. 260 S., mit 85 Abbildungen, davon 17 in Farbe und einem Sachregister.

Paul Faure
Magie der Düfte
Eine Kulturgeschichte der Wohlgerüche. Von den Pharaonen zu den Römern. Aus dem Französischen von B. Brumm. 1990. Ca. 300 S., mit 19 Abbildungen und 1 Karte.

Frank Nager
Der heilkundige Dichter
Goethe und die Medizin. 1990. 288 S.

Norbert Ohler
Sterben und Tod im Mittelalter
1990. 320 S., mit 20 Abbildungen.

Informationsmaterial erhalten Sie von

Artemis & Winkler Verlag   8000 München 33 Postfach 33 01 20   CH-8024 Zürich Postfach